イエスに出会うということ

人生の意味と思いがけない答え

ENCOUNTERS WITH JESUS

UNEXPECTED ANSWERS TO LIFE'S BIGGEST QUESTIONS

ティモシー・ケラー

Timothy Keller

訳　廣橋麻子

いのちのことば社

Originally published by the Penguin Group under the title:

Encounters with Jesus: Unexpected Answers to Life's Biggest Questions

Japanese translation published by arrangement with
Timothy Keller c/o McCormick & Williams through
The English Agency (Japan) Ltd.

目次

序　章

私は、いわゆる主流派プロテスタントキリスト教会で育ちましたが、大学時代、神や世界、また自分自身についてどう考えるべきか、という大きな疑問に襲われ、精神的に葛藤しました。

そんな私が当時出会ったのが、何人かで集まり熱心にバイブルスタディーをしているクリスチャンたちでした。リーダーは教師でもインストラクターでもなく、その日選ばれた聖書箇所をグループ全体として読み、解釈していくように促す役割を担っていました。その場の基本原則はいたって単純ですが、学びを一貫させるためには重要でした。聖書を「疑わしきは罰せず」として扱う、つまり、聖書は有能な執筆者たちによって記された、信頼できる資料として扱われるべきだ、という原則です。誰も、その箇所の適用としての個人的な解釈を主張することはできません。私たちは、グループとして一つの結論を求めました。その箇所から得られる豊かさを、コミュニティーとして求めました。そうすることで、個人が見るよりも、もっとすばらしい何かが見られると思ったからです。

そうしているうちに、まだ自分の信仰さえ定まっていなかったにもかかわらず、私はリーダーを任されることになり、テキストとして*Conversations with Jesus Christ from the Gospel of John*（『イエス・キリストとの会話、ヨハネによる福音書から』M・クンツ／C・シェル共著）を渡されました。ヨハネの福音書から、イエスと人々との会話が記された十三箇所が学べるようになっています。学んでいくうちに、私たちは、思いがけない意味や洞察をいくつも発見させられました。そうやって、イエスの人生での出来事一つ一つを追っていくうちに、聖書は普通の本とは何かが違うということを、かつてないほど実感するようになりました。確かに、はるか昔の出来事を、聞いたこともないような文体で描く優れた文学ではありますが、それだけではない何かがそこにあると思ったのです。個人とイエスの出会いについて調べていくうちに、言葉に表せないほどの、いのちと力を聖書に感じ始めたのです。何千年も前の会話が、不思議なほどの説得力をもち、私、しかも現代の私に、鋭く切り込んでくるのです。知的好奇心を満たすためだけでなく、神と出会いたいと思って聖書を調べるようになったのはそれからです。

また、深い洞察のためには、忍耐と思慮深さが必要なことも教えられました。あるとき、バイブルスタディーを導くリーダーのためのセミナーに参加しましたが、そこでのある実習は忘れられません。講師がマルコ1・17「イエスは彼らに言われた。『わたしについて来なさい。人間をとる漁師にしてあげよう』」を選び、三十分この箇所を調べるように（まさにイエスとの出会いについて）と言いました。彼女は五分、十分で、もう調べ終わったと思うかもしれないが、諦めないで続けるように、と念を押しました。「少なくとも、その箇所に見られる、あるいは、気づかされたことを、三十項目書き出してください」。十分後には課題を終わらせた（と、少なくとも自分では思っていた）私は、この課題に少々飽きてきました。とはいえ義務感から、まだ何かないかと探し続けました。実際まだあるではありませんか。それもいくつも。講師はそのリストの中から、最も心が突き刺されたこと、動かされたこと、個人的に非常に助けになると思われるものに丸をするように言い、次にこう質問しました。「最初の五分で、最も深い気づきが得られた人はどれくらいいますか。手を挙げてください」。誰もいません。「十分後は？」一人か二人。「十五分後は？」もう一人か二人。「二十分？」今度は結構な数の人が手を挙げます。「二十五分は？」ほとんどが、笑いながら、やられたと言った感じで手を挙げました。

帰納的（個々の事柄から一般的前提を推論していく）に聖書箇所を学んでいくといった、忍耐を問われるようなこの経験が、私の信仰生活を大きく変えました。時間をかけて、素直さと信頼という、適切な態度で向かえば、神は聖書を通して私に語りかけてくれるのだと発見したのです。また、その経験は、聖書を通して神が何を語っているかを他の人にも教えるといった、私の生涯の働きの訓練にもなりました。これまで四十年近く、聖書を教え、説教してきましたが、どの講演、講義、説教でも、基本的な姿勢は、私が大学時代に学んだ、時間をかけて聖書の深さを注意深く掘り起こしていくという点にあります。

今でも私は、聖書全体の権威を認めつつ、聖書全体から学び、教えることを喜びとしています。しかし最初に霊的な権威を感じさせられたのは福音書においてでした。特に福音書の中のイエスと個人、例えば、疑り深い学生のナタナエル、結婚の宴で当惑したイエスの母、夜遅くにイエスを訪問した宗教学者、井戸端で出会った女、弟に先立たれたマリヤとマルタ姉妹などとイエスが語り合う対話に個人的に影響を受けました。

ですから私自身、イエスとの出会いは、福音書に見られるイエスと人々の出会いを調べることから経験してきた、といっても過言ではありません。

数年前、私は、*The Reason for God: Belief in an Age of Skepticism*（『神はなぜいるか――懐疑的な時代に問われる信仰』）という本を執筆しました。ニューヨークシティーの中心、マンハッタンで牧師としての数年、私はいつも、キリスト教に対して懐疑的な立場の人たちの意見と、キリスト教の何が独特なのかを考えるうえで彼らが果たす役割を歓迎してきました。ですから、クリスチャンが表面的にはもっともらしく、しかし優越感を漂わせながら、彼らの疑問に取り合おうともしないのを見ることがあると、がっかりさせられるのです。大学時代、私があのグループに投げかけたさまざまな疑問や、それに対しメンバーが真剣に取り組んでくれたことを、私は今でもはっきりと覚えています。以来私は、難しい疑問に取り組む時間と努力は、信じる者の信仰をより深めるだけでなく、懐疑的な人たちにさえ、キリスト教の喜びに目覚める機会を与える、ということも実際に経験してきました。

というわけで、二〇一二年、英国オックスフォードのオックスフォードタウンホールで行われた、聴衆のほとんどが懐疑的無神論者である、大学生向けの五夜連続講演会の講師として招かれたことを、私はとても光栄に思いました。講演の内容が、ヨハネの福音書から、イエス・キリストと個人との出会いを探るというものに決まったとき、いい選択だと感じました。自分自身の経験を振り返ってみても、そういう出会いの記事は、イエスの人格と教えの核心を、特に鮮明に描写していると思ったからです。準備するうちに、この出会いの数々は、また別の意味で、こういった場で扱われるにふさわしいという思いが強まりました。というのも、さまざまな人との出会いの中で、イエス自身が投げかけているのは、「生きる目的」とは何か、という普遍的で大きな疑問だったからです。この世界は何のためにあるのか。この世界のどこが間違っているのか。何をどうすれば正しくなるのか、そんな方法があるとしたらどんな方法なのか。私たちにできることはあるのか。そもそも、そのための答えをどこに見いだしたらいいのか。こういった人生の疑問に、誰もが取り組むべきだし、真摯な懐疑主義者なら、特にこういった疑問に熱心に取り組むでしょう。

そういう疑問に対して、誰もが自分なりの答えをもっているつもりです。そうでなければ、人生の無意味さに圧倒されてしまうからです。もちろん、そんな疑問に、どんな答えも必要ない、人生は所詮、宇宙という巨大な営みの中の暇つぶしでしかないことを認めて諦めろ、という主張もあります。生きている間にできるだけ楽しめばよい。死んだらもうそんなことを思い悩むこともなくなるのに、なぜ生きる意味など見つけようとするのか、と。

しかし、仏哲学者リュック・フェリー（ちなみに彼はクリスチャンではありませんが）は、その著作*A Brief History of Thought*（『哲学史概論』）で、そのような説明は「正直にそう言ってしまうのは、あまりにも残酷すぎる」と言います。そういう考えの持ち主ほど、実は本心ではそう信じきっていないのでないか、というのです。つまり、人間とは、何らかの希望や意味、何かに他者ではなく自分が取り組む価値があると確信しない限り、生きてはいけない存在なのだと。「何のために生きるのか」といった、大きな疑問に対する答えを見いださなければならないことを、実は私たちは知っているのです。それは、フェリーが言うように、まさに「よい人生、自由に生きる人生、そして喜び、寛容、愛を受け入れる人生の」ためなのです。

フェリーは、人生の意味を問う、深い哲学的な問題に対して考えられる答えは、だいたい五、六通りの思考システムから来ていると言います。現代は、その中でも特に、一つの思考システムから答えを見いだそうとしています。例えば、「一般的に、敵を殺すのではなく、逆に歩み寄り、寛容な態度を示すことが望ましいと思うか」という質問の背後に、フェリーは「敵を愛するべきだ」という、キリスト教から発しているとしか考えられないものがあるとします。この本で扱っていきますが、彼が言うように、私たちが正しく、気高く、美しいと感じるようなさまざまな考えが、元を正せばキリスト教から来ているのです。

ですから、もしあなたが人生の目的に疑問を覚え、究極的な問題それぞれに対して、最善の答えを見いだしたいと思っているなら、少なくともキリスト教の教え、そして特にその創始者イエス・キリストについて、深く知る必要があるでしょう。まずイエスが出会った人々に、自分自身と自分の目的をどのように説明したか、またイエスの出す答えによって、人々の人生がどのように変えられたかを見ることが重要です。それが、本著、前半五章までの土台になった、オックスフォードでの講演の前提です。

けれども、それでも私はまだ調べ続けなければなりませんでした。人生が変えられるようなイエスとの直接の出会いや、イエスの人格と目的の崇高さ、人生の目的や疑問に対するイエスの答えを見てもなお、一つの疑問が残るからです。つまり、イエスが生きた何千年も後に生きる私自身が、今どうやってイエスに出会えるのか、福音書に描かれている当時の人たちのように、自分の人生も変えられるのか、という疑問です。

クリスチャンの語る福音とは、私たちが救われること、つまり永遠に変えられることを意味します。しかもそれは、私たちが何かしたからではない、イエスが出会った人たちにかけた言葉でもない、イエスが私たちのためにしたことによってだというのです。誕生、荒野とゲツセマネの園での苦しみ、弟子たちとの最後の夜、十字架での死、復活、昇天といった、その人生の大きな出来事を通して、イエスが達成したことを私たちが見るとき、人生を変えるようなイエスの力、恵みを、最もよく知ることができるのです。彼の人生のそれぞれの行動を通して、イエスは、私たち自身では到底なしえなかった救いを私たちの代わりに達成したのです。それがわかって初めて、ただの教師や歴史的人物ではない、あがない主、救い主としてのイエスに出会うことができるのです。

というわけで、後半五章は、イエスの人生での中心的な出来事を見ていきます。後半は、もともとは、ビジネス界、政界、文化的リーダーが集まるニューヨーク市ハーバードクラブの定期的な朝食会で、数年にわたり私が行ってきた講演を土台にしています。オックスフォードでの講演と同じように、高学歴高所得者が多い聴衆は、私に率直に疑問を投げかけてくれました。どちらの場合も、私が今まで何十年もしてきたように、初心に帰り、「生きていて力がある」聖書の特徴（ヘブル4・12）を教えてくれた、福音書の記事を扱うことにしたのです。かつてあの講師が教えてくれたように、聖書は調べるたびにいつも新たな発見があり、またそれを他の人に教える喜びも、新たにされました。

これを一冊の本にまとめたかった理由はもう一つあります。孫のルーシーが一歳半だったときのことです。まだ話せませんが、さまざまなことが認識できているらしい彼女が、物を指差したり、拾ったりして、私をじっと見つめるのです。しかも深い憂いをたたえて。伝えたくても、うまく伝えられないもどかしさを感じているようです。誰もが、人生の中で、このようなもどかしさを体験することがあるでしょう。例えば山から下山して、あるいは、コンサートホールから出て来て、その感動を誰かに伝えたいと思うのですが、うまく言葉にならないのです。

同じように、神と出会った体験を表現したくても、もどかしさを感じるクリスチャンは私だけではありません。私は教師として牧師として、キリストと、その言動の本当の美しさを見ることができるように他者を助けることが、私の最大の願いであり使命だと思っています。しかし、私の足りない言葉（どんな言葉もそうかもしれませんが）は、この美しさを十分に伝えきれず、私はいつも、もどかしさや悲しささえ感じるのです。一方で、福音書に描かれる人々とイエスの出会いは、どんなものよりも、この難しい作業を助けてくれる舞台でもあります。

初めて読む方も、あるいは数えきれないほど読んだという方も、この記事を読み進めていくうちに、キリストという人物と、私たちのために彼がした行動に胸打たれることを期待しています。

第1章　疑り深い学生

最初に扱うのは、イエスと疑り深い学生とのほんのわずかな、しかしとても印象的な出会いです。ここで扱われているのは、人生とは何か、という最も基本的な疑問です。人生の目的はどこで見つかるのか、逆に、探しても見つからないのはどこか。この疑問は、キリスト教に懐疑的な思いを抱く人にも、また、そういう人と出会うクリスチャンにも、訴えるものがあるでしょう。

この出会いは、ヨハネの福音書の「プロローグ」と呼ばれる部分の直後にあります。仏哲学者、リュック・フェリーは、この「プロローグ」を、思想史におけるターニングポイントの一つであるとしています。ギリシア哲学は世界には理性的・道徳的な秩序があるとし、その「自然の秩序」を、ロゴスと呼びました。ギリシア人にとって人生の意味は、この理について熟考し、識別することであり、その秩序に従った生き方がいわゆる、よい人生だと考えられていました。福音書の著者ヨハネは、意図的に、このギリシア哲学の用語であるロゴスを使って、イエスについてこう言います。

初めに、ことばがあった。ことばは神とともにあった。ことばは神であった。この方は、初めに神とともにおられた。すべてのものは、この方によって造られた。造られたもので、この方によらずにできたものは一つもない。……ことばは人となって、私たちの間に住まわれた。私たちはこの方の栄光を見た。父のみもとから来られたひとり子としての栄光である。この方は恵みとまことに満ちておられた。（ヨハネ１・１～３、14）

この説明は、当時の哲学界に雷鳴のように轟きました。ヨハネは、当時のギリシア哲学そして多くの現代哲学とは違い、人間の人生には、テロス（目的）がある、私たちは目的をもって生まれたので、いい人生を自由に生きるために、その目的を見つけ、尊重すべきだ、と言います。この世界は、単に偶然の産物ではなく、その歴史を、単に「ばか者が、騒がしくまくしたてる話で、何の意味もない」（シェークスピア『マクベス』第五幕第五場）と片づけることはできないのです。しかし、以上の聖書箇所では、その人生の意味が、原理原則や、抽象的で合理的な構造にではなく、一個人に見いだせる、と言ったのです。この地上に生きた一人の人間に、です。フェリーが言うように、この主張は、哲学者たちを「狂気の沙汰だ」と驚愕させましたが、革命をもたらしました。もしキリスト教が真実なら、よい人生とは第一に、深い哲学的な思索や学術的探究にあるのではない、ということになります（世界中のほとんどの人がこれを聞いてほっとすることでしょう）。むしろ、イエス・キリストとの関係に入るなら、誰でも、どこでも、どんな背景の人でも、よい人生を得られるということになります。

それが私たちの日常生活にどう適用されるのか、ヨハネはわかりやすく、イエスと学生たちとの出会いを通して描写しました。大学などまだ無い時代ですから、学びたいと思えば、誰かを師と仰いで教えを請うのが常でした。そういう師弟関係は、当時無数にありました。そしておそらく当時、流行の最先端の前衛的な教師が、バプテスマのヨハネ（訳者注・ヨハネの福音書の著者とは別人）でした。多くの支持者や、彼に傾倒する弟子たちを抱えた彼は、まさに時の人でした。彼の弟子たちとして、アンデレとペテロ兄弟、そして友人ナタナエルを勧誘したピリポが記録されています。「神の小羊」（ヨハネ1・29）と呼ばれる、来るべき救い主についての師の教えを、すでに信じていた弟子たちもいました。しかし、懐疑的な弟子たちもいて、ナタナエルはその一人でした。彼自身がイエスと出会うまでは。

その翌日、イエスはガリラヤに行こうとされた。そして、ピリポを見つけて「わたしに従って来なさい」と言われた。ピリポは、ベツサイダの人で、アンデレやペテロと同じ町の出身であった。彼はナタナエルを見つけて言った。「私たちは、モーセが律法の中に書き、預言者たちも書いている方に会いました。ナザレの人で、ヨセフの子イエスです。」ナタナエルは彼に言った。「ナザレから何の良いものが出るだろう。」ピリポは言った。「来て、そして、見なさい。」イエスはナタナエルが自分のほうに来るのを見て、彼について言われた。「これこそ、ほんとうのイスラエル人だ。彼のうちには偽りがない。」ナタナエルはイエスに言った。「どうして私をご存じなのですか。」イエスは言われた。「わたしは、ピリポがあなたを呼ぶ前に、あなたがいちじくの木の下にいるのを見たのです。」ナタナエルは答えた。「先生。あなたは神の子です。あなたはイスラエルの王です。」イエスは答えて言われた。「あなたがいちじくの木の下にいるのを見た、とわたしが言ったので、あなたは信じるのですか。あなたは、それよりもさらに大きなことを見ることになります。」そして言われた。「まことに、まことに、あなたがたに告げます。天が開けて、神の御使いたちが人の子の上を上り下りするのを、あなたがたはいまに見ます。」（ヨハネ１・43〜51）

まず、ここで注目したいのは、ナタナエル自身にある問題です。ナタナエルという人は、どうやら堅物のインテリ、かなりの偏屈者だったようです。ピリポが、「新しいラビに会ってごらんよ。人生とは何か、といった問いにことごとく答えてくださる。ナザレ出身だそうだ」と勧めに来ると、「ナザレ⁉」と鼻で笑うのです。当時エルサレム出身者なら誰でも、ガリラヤ人を軽蔑していました。この態度は、人間の性質をよく表しています。ある地域を指して、あそこは「人生を踏み外した者たちの吹きだまり」だ、と軽蔑する態度など、まさにそうです。ではそのように軽蔑された人たちは、どう反応するでしょうか。自分たちが軽蔑できる他の人たちを探すのではないでしょうか。そうやって負のサイクルが永遠に続きます。ナタナエル自身、エルサレムではなく、ガリラヤのある地方の出身でしたが、そんな彼から見ても、ナザレはガリラヤの中で特によどんだ、時代遅れの地域でした。いつでも、立派な人たち、ふさわしい人たち、賢い人たち、そしてそんな彼らとは対照的に、声を潜めて噂されるような「それ以外の人たち」がいるものです。そして自分がどちら側にいるかを示すには、「それ以外の人たち」や、その地域が話題にのぼったとき、大げさに肩をすくめ、目を丸くしてみせればいいのです。

誰でも周囲に、自分は「できる人間」だ、と思ってもらいたいのではないでしょうか。そして敬意をもって忍耐強く議論をすることによってではなく、他者に対する嘲笑や侮蔑によって、自分が「できる人間」だとアピールすることが多いのではないでしょうか。あの人たちは間違っているというだけでなく、ずれている、知性が劣っている人々だとけなすのです。ナタナエルは、ナザレのような地方の出身者が、人生の深遠な問題に答えを出せるわけがないと思い込んでいたのです。「ことごとく答えられるだと？　ナザレ出身で？　まさか」。そして、大げさに肩をすくめ目を丸くし、こう言うのです。「あのナザレか？　冗談だろ？」

キリスト教に対してあなたがこういう態度でも、あるいは、こういう態度を少しでも見せる人がいたとしても、別に驚くに値しません。現代でも多くの人が、ナタナエルがナザレを見るような視点でキリスト教を見ているからです。彼らにとって、ナザレから始まったキリスト教は、所詮、今でもナザレ産でしかありません。キリスト教の教え、キリストが何者で、何をしたか、何をしてくれるかなどを、彼らなりに解釈し、肩をすくめて目を丸くするのです。知識人、「できる」人たちはみな、「キリスト教は、歴史上このような働きをした。いろいろ調べてみた。その中で育ちもした。しかし、最初からこの宗教は自分向きではないと感じていたし、そういう結論に至った」と言うのです。つまり、イエスは今でも、彼らにとって、単なるナザレ出身者なのです。

あなたがもし、キリスト教に同じような思いを抱いているなら提案したいことが二点あります。二つの課題があると思われるからです。

第一に、そのように見下げる態度は、どんな場合においても致命的だということです。それは、創造性や問題解決のすべての糸口だけでなく、人間関係への希望すら抹殺します。タラ・パーカーポープは、結婚に関する著書 *For Better*（『よりよい関係へ』）で、肩をすくめる、という態度を、人間関係が深刻な問題に陥っていると見られる、重要なサインだと言います。結婚カウンセラーが、そういう態度を見きわめようとするのは、そこに相手への軽蔑が含まれるからです。安定した結婚関係とは、失望、意見の相違、痛み、ストレスなどをうまく乗り越えることのできる関係です。しかし片方が背を向け、話し合いの場にも現れないとなると、軽蔑という態度は、まさに関係を殺してしまうのです。

もっと具体的な例をあげましょう。あなたがいつも置く場所に鍵が無いとします。自分が「置きそうだと思う」場所をさんざん捜したあげく、「思いもよらない」場所を捜さなければならなくなった、そして実際にそこでその鍵が見つかった、ということはありませんか。つまり、自分の強い思い込みで、ある種の考えや人々を否定してしまっては、豊かな人生のための知恵や人間関係は期待できないということです。

第二の課題は、もっと本質的な問題です。キリスト教を蔑視することは、実はすでにあなたが大切にしている、人生の価値観の根本を断ち切ってしまう、ということにつながります。前述したように、敵を殺すのではなく、愛するというキリスト教の姿勢は、平和な文明社会発展に必要な土台の一つでしょう。もう一つ、フェリーも指摘しているように、現代的思考の基礎になっているのは、人間はその才能、富、人種、性別にかかわらず、神に似せてつくられている存在なので、その個人の尊厳と権利は保障されるべきだ、というものです。フェリーは、ロゴスが、教理ではなく、個人だとするキリスト教の教えについて、「今日、私たちが同意する基本的人権という哲学は、それがなければ成立しなかった」とします。

もう一つ、もともと聖書から来ているものの、現代において当然とされているのは、貧しい者を助けるべきだ、という考え方です。修道士たちがキリスト教を広めようとしていた頃、つまり、まだキリスト教が普及する前のヨーロッパでは、敵を愛することや貧民を助けることは愚かな行為だとされていました。そういう行為は社会の仕組み自体を崩壊させてしまう、とさえ考えられていました。それは才能と力ある者だけが生き延び、勝者がすべてを手に入れる、といった弱肉強食の仕組みです。貧しい者は苦しむほかに道はない。今までもずっとそうだったじゃないか、という考えです。しかし、キリスト教は、敵を愛し、貧民や孤児を助ける、つまり個人の尊厳を主張することで、ヨーロッパの異教の民に革命を起こしたのです。

「そういう考えが聖書や教会から来たというのは、歴史的に非常に興味深い話だが、だからといってキリスト教自体を信じるわけにはいかない」という方もいるでしょう。わからなくもありませんが、そういう反応は、私にはあまりにも近視眼的に思えます。

創世記には、聖書が明らかにされる前の文化がどんなものであったか、とてもよく描写されています。長男子相続権という、古代から広く見られる習慣は、一族の社会的地位を維持するために、長男がすべての財産を相続するというものでした。次男、三男は全く、あるいは、ほんの少ししか相続することができませんでした。しかし聖書の中で一貫して、神がそのわざのために用いたのは、むしろ長男以外でした。神はカインでなくアベルを、イシュマエルではなくイサクを、エサウではなくヤコブを、そして七人の兄たちよりも末子のダビデを選んだのです。神はいつも、社会が期待し報酬を与える長男を選ばず、同様にエルサレムではなく、ナザレ出身者を選びました。

また創世記に顕著だった、子供の多い女性が称賛されるという当時の文化的習慣があります。子供が多いことは経済的、軍事的成功を約束するだけでなく、家系が絶える確率を低くします。ですから、子供を産めない女性は恥と汚名を着せられました。しかし、聖書の神は、むしろ、そういう女性を選び、子供を与えました。社会に愛され祝福されていた女性よりも、社会から軽蔑されていた女性を、あえて神は選びました。アブラハムの妻サラ、イサクの妻リベカ、サムエルの母ハンナ、ヨハネの母エリサベツなどです。神はいつも、男女ともに、誰にも愛されず必要とされなかったような人たちを選びました。

キリスト教の中で、あえて社会の「のけ者」を愛する神、という部分については励まされるし、賛成できると思う人もいるかもしれません。しかし、内心「それ以外の聖書の箇所、例えば神の怒り、キリストの血、体のよみがえり、といった部分は無理だな」、と感じる人もいるでしょう。しかし、そういった信じがたく迷信的な部分が、聖書の単なる周辺部分ではなく、聖書の中心なのです。聖書の独特な教えの中心は、すべてを超越した、不変の神自身が地上に、しかも苦しみ悩む弱さと、いつか死ぬ身体を持った人間として現れたというものです。そしてそれは、私たちのため、私たちの罪をあがなうため、私たちが受けるべき罰を代わりに受けるためだというのです。それが本当だとしたら、これほどすばらしい、愛による自己犠牲の形、行動はありません。そしてこれ以外に私たちを惹きつける、革新的なキリスト教倫理観の土台、生き生きとした動機はありません。キリスト教倫理の独自性は、イエスや初期のキリスト教徒たちが世界を暮らしやすい場所にするために社会貢献するような、いわゆる「いい人」たちだった、ことではありません。むしろそれは「福音」と呼ばれる、キリスト教のもつ究極的な世界観を理解しない限り、誰にも納得できないものなのです。

それでは、他の宗教や思想は、キリスト教と比べてどう違うのでしょうか。決定的なのは、神、あるいはそのような存在を見つけ、つながるため、あるいは自分を改善し、もっと意識を高めるためには、何かを「しなければならない」ことでしょう。最大限の努力をし、規律を守り、心を空にし、鎮め、悟りを得なければなりません。世界や自分を改善するには、もちうる限りの理性と力を使って、そのように生きなければならないと言うのです。

かたや、キリスト教はその真逆です。他の宗教や哲学では、神とつながるためには何かをしなければならないといいます。しかしキリスト教はそうではない、イエス・キリストが来て、あなたにはできないことを、あなたのためにしてくれたのだというのです。人生の疑問それぞれに、さまざまな答えを多くの宗教が示す中で、キリスト教はイエスこそが、答えそのものだというのです。権力や成功を手にしている人たちは、「強くなってがんばれば勝てる」という、すでに彼ら自身がもっている信念に訴えかける思想や宗教に惹かれるのです。キリスト教は、そういう意味では、「強者」のためだけにあるのではありません。誰でも、特に、重要な局面でこそ、自分の弱さを認めることができる「弱者」のためでもあるのです。言い換えれば、ある種の力をもっている人のためでもあります。その力とは、自分の欠点は表面的なものだけではない、心の奥深くに広がる混沌は、自分では修復不可能だと認めることのできる力です。だからこそ、そこから救ってくれる誰か、つまり、神との関係を正すために十字架上で死んだイエス・キリストが必要なのだと認められる力です。

さて、ここまで私が書いたことを振り返って、よく考えてみてください。好意的に見ても「ちょっとピンと来ない」、最悪「勘弁してくれ」と思われる方もいるでしょうから、ここでもう一度整理してみましょう。キリスト教は、なぜ他の宗教とは違うのでしょうか。それは、「神を見つけるために～をしなさい」と言わず、「あなたを見つけるために、神がこの地上にイエス・キリストとして生まれ、十字架についた」と言う点です。それこそが、キリスト教が世界に示した、実に革命的な唯一の真理なのです。弱者をいたわり、権力や成功ではなく、愛と奉仕に生き、敵さえも犠牲的な愛をもって愛する、といった革命的とも思える考えすべてが、この福音から来たといっても過言ではありません。つまり、私たちの罪の深さゆえ、神自身が、イエス・キリストとなり、私たちにはできない、自分を救うという行為を代わりにしてくれた、というのです。

皆さんの信念の多くがそもそもキリスト教の影響を受けていると認めてくださるとしたら、なぜキリスト教のある部分を喜んで受け入れるのでしょうか。他の部分は受け入れないのでしょうか。他の部分があってこそ、ある部分が説明され首尾一貫したものになるというのに。どうかナタナエルのようにならないでください。キリスト教は時代遅れだとか、学術的に洗練されていないといった考えを鵜呑みにして、本来学べることに目をつぶらないでください。自分の中にあるプライドや偏見に注意してください。少しでも軽蔑や無関心があるかないかを探ってみてください。そういうものは、人生のすべての場面においてもですが、特にここで扱っているような人生の大きな疑問に立ち向かうときには、なおさら有害です。

さて、ナタナエルの例に見られる重要な点の一つ目が彼の問題、つまりプライドと軽蔑でした。しかし、そういった軽蔑的な態度を取りながらも、彼の中には深い霊的な必要がありました。「ナザレ！　あんなところからよいものなんて出るわけない」と言い、その後すぐに「先生、あなたは神の子、イスラエルの王です」と言い直すほどです。イエスが何者なのか信頼できる証拠が示されたナタナエルは、すぐにその信仰をイエスに向けますが、それは軽はずみとも言えるほどの早さでした（その後にあるとおり、イエスは時間をかけて考えなかったナタナエルを軽くいましめています）。何でまたそんなに早く、と驚かされるでしょうか。私は驚きません。

二十年前、妻キャシーとマンハッタンに移ったとき、私は新しく教会を始めようとしていました。ニューヨークに集まるような若く野心にあふれた優秀な人たちは、自分のほうが賢いと思っているだろうから、教会を始めても誰も来ないだろう、と周りからは言われました。そういう人たちは組織化された宗教には見向きもしない、特にキリスト教は門前払いだと。そうです、キリスト教はナザレから生まれたのでした。当時も人々は肩をすくめ、首を傾げ、目をそらしたのです。誰も見向きもしないはずでした。しかし興味深いことに、今、リディーマー教会では、毎週日曜の礼拝に五千人以上が集まっています。コミュニティーとして著しく成長しています。

その成長の理由は、ナタナエルが変わった理由と同じです。懐疑主義がおおっぴらにキリスト教に対してうるさく攻撃する裏で、ひそかにうごめく霊的な求めが確かにあるからです。あの若く野心的で優秀な人たちは、人生の難問など興味が無いか、あるいは猛烈に何かを探求することによってすでに答えを見つけたのだというふりをしていたかったのです。しかし、彼らにも、誰にでもあるような避けられない必要がありました。つまり、人生の疑問に答えを求めなければならなかったのです。そして多くがキリスト教に答えを見つけ出しました。

同じように、さんざん軽蔑的な態度を示したナタナエルも、結局はピリポと一緒にイエスに会いに行ったのです。なぜでしょう。当時の同世代のユダヤ人と同じく、ナタナエルは悩んでいたのです。ローマの支配下にユダヤ人がおかれたままという事実、神がこれをどうするつもりなのか全くわからないという状況に葛藤していました。彼らは民族全体の、大きなアイデンティティーの危機にあったのです。救い主を探すべきか。将来はどうなるのか。彼らはまだ神の民なのか。神は自分たちを見捨てたのか。明らかに彼は周囲から聞かされてきた答えに満足していませんでした。自分自身が折り合いをつける答え、理解、あるいは霊的状態にも満足していなかったことでしょう。だから彼は考えたのです。「とても信じられないが、そのまさかのナザレにもあたってみようか」と。

現代の学生も別の意味で人生の疑問と格闘し、有名な大学や著作から与えられる答えに満足できず、ナタナエルのように、ひそかにイエスという人物について探り始めているのかもしれません。詩人Ｗ・Ｈ・オーデンが一九三九年にマンハッタンに来たときにも、同じようなことが起こりました。すでに名の知れた作家だった彼は、故郷の学生時代の友人たちほとんどがそうだったように、子供の頃からの英国国教会の信仰を捨てていました。しかし第二次世界大戦開戦後、キリスト教の真理に立ち返り周囲を驚かせました。

その理由として、信仰回復のプロセスを回顧した彼は、一九四〇年代のナチスという目新しくショッキングな存在が、すべての人のための正義と自由を信じるふりさえしなかったことに言及しています。むしろ彼らは「自分を愛するのと同じように隣人を愛するとは、意気地のない弱者にぴったりの命令だ」といってキリスト教倫理の根本を攻撃したというのです。[1] さらに「今までリベラリズムが支持してきたすべてのものを徹底的に否定する姿勢が、どこか野蛮な未開の地などではなく、むしろ高等教育を展開してきた欧州各国で驚くばかりの熱狂を呼び起こした」のでした。これらを見たオーデンは、リベラリズムの価値観（彼によれば自由、理性、民主主義、人権）が、もはや自明の真理だとは言えないことを悟ったのです。

もし高等教育を受けたナチスが間違っていて、われわれ高等教育を受けた英国人が正しいと私が確信するとしたら、それを正当化するのは一体何か。ヒットラーを悪として、天国に向かって祈る英国知識人たちにとって、その天国は存在しない。リベラルの流れ全体が、絶対的な存在に対する信仰をなし崩しにするものだったからだ。リベラル思想は理性を判断基準にしようと試みはした。しかし人生はあまりにも移ろいやすい。その中で人は約束を守ろうとしても、自分の都合次第で破棄してしまえるという避けられない結末を生み出す。私たちは絶対的な存在に仕えるか、そうでなければ、ヒットラーのような怪物が、悪を行える確固たる基準を提供することになる。

キリスト教は、教会育ちのオーデンにとってさえ、当初ナザレ産でしかありませんでした。時代遅れで役立たずだと、いったんは離れたにもかかわらず、ナチスの台頭によって彼の見方は変わったのです。彼がそれほど基本的人権、自由、解放を願っていたのはなぜでしょう。自然世界の営みは弱肉強食です。それが本当に自然で、私たちが今ここにこうしているのも進化の偶然によっているだけだとしたら、強力な権力国家が弱小国家を支配するのを、私たちはなぜ間違っていると言えるのでしょうか。何を基準にしてそう言えるのでしょうか。スーダンのダルフール紛争での虐殺を、多数派の民族が少数派を殺す行為を、なぜ「間違っている」と言えるのでしょう。神などいないなら、私が信じる正義は主観でしかありません。それなら、どうしてナチスを非難できるでしょう。

オーデンは、神という絶対的な存在がいないなら、自分の感情や考えが他より価値があるとは、誰も言えないということを理解したのです。神がいないなら、私たちが大切にしているすべての価値観は架空のものだと。しかし、その価値観は架空ではない、虐殺は絶対に間違っている、と確信したので、彼は神が存在するという結論を出したのです。

懐疑的な学生ナタナエルのように、オーデンは当時の「正しい人々」がキリスト教をあざ笑うという事実に悩まされました。しかし、その他の解決していなかった疑問、とりわけ道徳的価値観の土台についての疑問が、彼の目をイエスに向けさせたのです。彼は、ナタナエルのような経験をしました。ナザレ出身者に心を開き、信じたのです。

詩人オーデンが信仰を得たのは、哲学者アラスディア・マッキンタイアの『美徳なき時代』に見られるある論法がきっかけでした。マッキンタイアの主張は、テロスがわからなければ善悪の判断はできない、というものです。例えば、腕時計がよいか悪いか、どう判断すればいいでしょう。それにはまず、それが何のためにあるのか、その目的を知る必要があります。腕時計で釘を打とうとしても壊れてしまいます。だからといって、悪い時計だと言えるでしょうか。いえ、当然時計は、釘を打つためのものではありません。時計の目的は時刻を示すことです。同じ原理が人間性にも適用されるのです。誰が善人で悪人か、人間のつくられた目的を知らずに判断できるのか、ということです。

「神がいるか、いないかなんてわからないし、人間が何かの目的のためにつくられたとも思わない」。この意見にあなたは賛成しますか。するなら、今後一切、人の善悪について話すべきではありません。人間にはその目的もデザインも無いと言いつつ、それでも周囲に「君の生き方は間違っている」と言うなら、あなたは矛盾しているか、不誠実かのどちらかです。

私にはキリスト教が真理だ、という証拠を示すことはできません。でもイエスを信じるだけの、確かですばらしい理由を示すことはできます。あなたがナタナエルのように、人生の疑問に対する今までの答えに不満で、自身の奥深くに満たされない思いがあることを認め、キリスト教を見下していた態度を考え直してみるなら、ナザレ生まれのあの人について、改めて考えてみることをお勧めします。あのナザレから、世界を変える思想が生まれたのです。それだけでも考えてみる価値があるとは思いませんか。

ナタナエルのイエスとの出会いについて注目すべき最後の点は、イエスが彼の必要のために与えた解決法です。イエスはナタナエルについて二点指摘しています。

まず、彼を「偽りがない」本当のイスラエル人だと言います。ナタナエルのことを、正直で率直にものを言う、と表現をするのは、イエスの配慮だとも言えるでしょう。周囲にとって彼は、むしろ空気を読まない、かんにさわる人物だったかもしれません。多くの人が、揚げ足を取るような彼の態度にうんざりさせられていたことでしょう。でもイエスはここで、自分自身について明らかにするのです。つまり、私たちのすべてを知っていながら、それでも優しく接してくれる姿勢です。ナタナエルはイエスの洞察力（そしておそらく寛容な姿勢にも）に感嘆させられました。「なぜ私のことをそんなに知っているのですか」と。

それに対し、「あなたがイチジクの木の下にいるのを見たからだ」とイエスが答えます。これに解説を加えるなら、この記述が目撃者の証言に基づいているとみられる理由が、そのイチジクの木の下で何があって、なぜそれが重要なのか、書かれていない点にあります。フィクションを書くならもちろん、話を前に進めるためにそういう記述が必要ですし、記述が無いと読者を混乱させます。しかしここでは、ナタナエルがイチジクの木の下で何をしていたか、誰にもわかりません。大切なのは、イエスがそれを知っていたことに、ナタナエルが非常に驚いたということです。イエスが知っていたこと、それでもナタナエルを称賛したことは、あまりにも予想外で信じがたく、驚くべきことでした。だから彼は言うのです。「あなたこそイスラエルの王、あなたこそ救い主だ」と。

イエスは優しく注意します。「最初はあんなに懐疑的だったのに、そんなにあっさり私を信じるのかい。私が本当は何者なのか、まだ話し始めてもいないのに。すごい変わりようだ。昨日は肩をすくめて、今日はその熱心さ。確かにあなたについての超自然的な知識をもつ人に君は出会った。でも落ち着け。見かけに惑わされるな。まだ君は本当のわたしを理解していない」

もう一人のイエスの弟子トマスは、イエス復活の後、他の弟子たちにイエスの手の釘の打たれた跡を見、そこに自分の指を入れてみるまでは、復活を信じないと言いました。イエスがトマスに現れたとき、イエスは「なぜ疑った」となじることはしませんでした。ただこう言いました。「見てごらん、この手を。疑うのをやめて、信じなさい」。つまり、イエスが言いたいのはこういうことではないでしょうか。「私を信じるのに十分な理由を欲しがっているのはうれしいよ。信じるために探しているのだから、君にその理由をあげよう」。考え続ける人を、イエスは受け入れるのです。実際、イエスはナタナエルに、もう少し考えるようにと促しているのです。

ですから、あなたがキリスト教に懐疑的なら、二つの間でバランスをとらなければならないことを理解しておくべきでしょう。まず、永遠に懐疑的でいるのは、あなたの知的活動においても倫理観においても自滅的です。また、深い感情的な必要を満たしてくれると思って飛びついた最初の考えは最終的に人生の疑問にも答えを与えません。単にキリスト教が、今、目の前にある自分の必要を満たすから信じるというなら、十分ではありません。キリスト教は消耗品ではないのです。キリスト教は、それが真理だ、という理由でのみ、信じるべきものと言えるのです。

イエスがナタナエルに最後に言った言葉を思い出してください。イエスはこんなことを言っています。「それで信じるのですか。本当のことを言えば、そのうちあなたは天が開けて、神のみ使いたちが人の子の上を上り下りするのを見ることになります」。イエスに出会って最初に私たちが思うのは、こんなことではないでしょうか。「ま、期待したような答えはもらえないだろうけど、いい人になるための参考ぐらいにはなるかな。孤独感とか、個人的な悩みの助けくらいには」。必要が満たされるかどうかわからないので、あなたにとってイエスはいつも選択肢の一つでしかないのです。

ですが本当の意味でイエスに出会うと、想像していたのとは全く違うことがわかります。天が開けて御使いたちが人の子の上を上り下りするというのは、旧約聖書中のヤコブが、天と地の間に立てられているはしごを神の御使いたちが上り下りしている夢を見る話から来ています。御使いたちは、神の臨在の証拠です。人間が神に背き、互いに傷つけ合うようになったので、天地の間には大きな隔たりがありました。理想と現実との間の分厚い壁です。しかしヤコブがこの夢を見たのは、天地を結びつける何かが、いつか来る、人間が神の前に立てるようになる道が現れるというしるしでした。そして、イエス自身が、その道であると公言したのです。彼こそが宇宙のロゴス（自然の秩序）、天と地をつなぐ架け橋でした。

ナタナエルに返答するイエスの笑い声が聞こえるかのようです。「わたしのことを救い主だと思うのかい。馬に乗って、ローマの圧政者を制圧するとでも？　それよりも、もっとすごいものを見せてあげよう。馬に乗りローマと戦うことでは、人の今ある状態、つまり悪や死に打ち勝ち、世界を新しく変えることはできないからだ。教えてあげよう、私こそ世界軸（axis mundi）なのだ。私が天地の間の壁を打ち抜いた。人として生き十字架で死ぬという、君がまだ見てもいないことを通して、君を神の真ん前に連れて行ってあげよう」

真理を探し求めてはいるものの、いつ失望させられるかとおびえている求道者たちに、イエスは自分こそ彼らが探している人物だと言うのです。私たちの期待や想像を軽々と超え、十分に与えることのできる者だと。

だとしたら偏見などかなぐり捨てて、ナタナエルのように来て、見てください。友人たちとイエスについて議論してみてください。自分の優先順位や価値観が変えられるような心の準備をしてください。あなたがどんなものを期待し、望み、夢見ているにしろ、ナザレ産に、期待以上のすばらしいものを発見するでしょう。

第2章　内部者と追放者

この章では「この世界の何が間違っているか」について特に扱いたいと思います。それを明確に理解しない限り、「この世界をよりよくしていくために何をすべきか」という議論に進めないからです。症状を診断してこそ、処方箋を出せます。そのようにしてこの問題についても確かな答えを見つけられると私は思っています。

ヨハネの福音書の3章で、イエス・キリストは、礼儀正しい宗教的指導者に出会います。彼はとても道徳的な内部者です。次の章でイエスは、社会的、道徳的、宗教的に追放された女性に出会います。どちらも、それぞれの人物像がよく描写され、非常に印象深い会話が記されているので、多くのクリスチャンにとっては馴染みのある箇所です。しかし興味深いことに、どちらか片方にしか焦点が当てられず、同時に取り扱われることがほとんどありません。それは間違っていると私は思うのです。この福音書で続けてこの二人の出会いが記されている理由があると思うからです。つまり、この二人について同時に考えてほしいという著者の意図があるのです。この二人は、外見上正反対で、状況も異なり、一見何の共通点も無いように見えます。しかし、著者は、私たちにこう問いかけます。「内部者と追放者という、全く正反対の彼らの共通点とは何か。もし、この二人に共通点があるとしたら、私たちすべてにも共通点があるのではないだろうか」。つまり、この二人のイエスとの出会いを同時に見ることで、ヨハネが言っているこの世界の状態と、それに対して私たちすべてにどのような責任があるのかについて手がかりが与えられます。

この出会いについて語るうえで、罪の問題を扱わないわけにはいきません。私は、罪や罪人といった言葉がもつ否定的な文化背景も、クリスチャンがこの言葉を使うと萎縮する人がいるのも承知しています。残念ながらこの言葉は、クリスチャンではない人を除外し、あるいは物として見るために用いられてきました。例えば、「あなたは、単に私の反対者というだけでなく、罪人でもある」と言ってしまうのは簡単です。それは、偽りの道徳基準を極めるために使われ、そうではない人たちを裁く言葉です。「あなたが罪人なら（暗に、私はそうではないという意味が含まれ）、実際にあなたと議論するとか、あなたの疑問に真摯に向き合う代わりに、私はあなたを排除する」という意味です。

こういった罪の理解が間違っていることは明らかです。聖書から適切に見るなら、罪とは、もっとずっと革新的に広範囲に及ぶものと理解されます。罪という理解を、武器として使うことはできません。そういう目的で使う人には誰であれ、それが跳ね返ってきます。聖書から見て、誰も、罪人という評決から逃れることはできないからです。そしてそれが、この二つの出会いの中心でもあります。

それではまず、大体の人が理解できる罪が描写されている、追放者とイエスの出会いから見ていきましょう。この女性との井戸での出会いは、ヨハネ4章で描かれています。イエスは弟子たちと、ユダヤのすぐ隣、サマリヤに行く旅の途中でした。町に入ると、弟子たちは食糧を調達しに出かけました。イエスはとても疲れて、喉が渇いていました。そして第六時ころ、つまり当時の昼頃ですが、最も暑い時間帯に井戸に行きました。桶を持っていなかったので、水を汲むことはできません。しかし、一人の女性が水を汲みに来たので、イエスはこう言ったのです。

ひとりのサマリヤの女が水をくみに来た。イエスは「わたしに水を飲ませてください」と言われた。弟子たちは食物を買いに、町へ出かけていた。そこで、そのサマリヤの女は言った。「あなたはユダヤ人なのに、どうしてサマリヤの女の私に、飲み水をお求めになるのですか。」――ユダヤ人はサマリヤ人とつきあいをしなかったからである――イエスは答えて言われた。「もしあなたが神の賜物を知り、また、あなたに水を飲ませてくれと言う者がだれであるかを知っていたなら、あなたのほうでその人に求めたことでしょう。そしてその人はあなたに生ける水を与えたことでしょう。」彼女は言った。「先生。あなたはくむ物を持っておいでにならず、この井戸は深いのです。その生ける水をどこから手にお入れになるのですか。あなたは、私たちの父ヤコブよりも偉いのでしょうか。ヤコブは私たちにこの井戸を与え、彼自身も、彼の子たちも家畜も、この井戸から飲んだのです。」イエスは答えて言われた。「この水を飲む者はだれでも、また渇きます。しかし、わたしが与える水を飲む者はだれでも、決して渇くことがありません。わたしが与える水は、その人のうちで泉となり、永遠のいのちへの水がわき出ます。」女はイエスに言った。「先生。私が渇くことがなく、もうここまでくみに来なくてもよいように、その水を私に下さい。」イエスは彼女に言われた。「行って、あなたの夫をここに呼んで来なさい。」女は答えて言った。「私には夫はありません。」イエスは言われた。「私には夫がないというのは、もっともです。あなたには夫が五人あったが、今あなたといっしょにいるのは、あなたの夫ではないからです。あなたが言ったことはほんとうです。」女は言った。「先生。あなたは預言者だと思います。」（ヨハネ4・7〜19）

この出会いについて語る前に、すでにこの会話自体がどれだけ驚くべきものかに注目していただきたいと思います。

まず、この話は、会話を始めたのがイエスだったという点が衝撃的です。私たちは何とも思わないかもしれませんが、この二人の会話は実際にはかなり違和感がありました。イエスが、ユダヤ人と敵対関係にあったサマリヤ人の彼女に向かって話しかけている、ということ自体に、彼女はショックを受けている様子です。何世紀も前、ほとんどのユダヤ人は征服者によってバビロンに捕囚として連行されていました。残った者はカナン人と結婚し、新しい部族サマリヤ人となって、ユダヤ教とカナン人の宗教を部分的に取り入れた混合宗教を築き上げました。ですから、ユダヤ人はサマリヤ人を民族的に劣る者、そして、異端者と位置づけていました。これが、イエスから話しかけられたこと自体に彼女が驚いた理由の一つです。しかし、何よりも、ユダヤ人の男性が、公の場で見知らぬ女性に声をかけること自体、恥ずべき行為でした。

それだけでなく、彼女が水を汲みに来たのは真昼でした。多くの聖書注解者によると、女性が水を汲みに来るような時間帯ではありませんでした。普通は、その日一日の家事のために、早朝それほど暑くない時間帯に水を汲みに来ました。なぜ彼女は、真昼にたった一人で水を汲みに来たのでしょうか。それは彼女が道徳に反する者として、完全に追放者として扱われていたからです。それも、ユダヤから蔑視されている彼女自身の共同体においてさえです。

ですから、イエスが彼女に話しかけたとき、それは誰もがお互いに対して抱く決定的な隔たりのほとんどすべてを意図的に超えて、そうしたのです。この場合、人種的、文化的、性的、道徳的な障壁です。しかし、イエスは意に介しません。それがどんなに革新的か想像できますか。人がもちうるすべての障壁を超えて、彼女につながろうとしたのです。彼女がそうだったように、私たちもショックを受けるべきでしょう。

この出会いの二番目の特徴は、イエスが彼女に対して心を開き、温かい態度をはっきりと見せていながら、同時に対決もしている点です。ただしそれを、優しく巧みにしています。それはこのような言葉からもわかります。「わたしが誰か知っていたら、生ける水をくださいと、あなたは言うでしょうね。そしてそれを飲んだら、あなたはもう決して喉が渇くことがありません」

一体、イエスは何を言いたいのでしょうか。ここで彼は、「生ける水」を、メタファー（隠喩）として「永遠のいのち」と結びつけています。私たちには想像しにくいイメージでしょう。先進国に住む現代人のほとんどは、飲料水に困ることはありません。本当の渇きがどんなものかを知る人は多くないですが、乾燥した砂漠地帯に住む当時の人ならよくわかったでしょう。私たちの体のほとんどは水分ですから、本当に渇くとは、もがき苦しむということです。そのような渇きの中で飲む一杯は、何にも替えがたいほどの満足感を私たちに与えるでしょう。

だとしたら、イエスはこの追放者にこう言いたいのです。「あなたの体にとっての水と同じく、あなたの霊の土台となり、必要不可欠な水を、わたしはもっています。それなしでは、あなた自身が全く失われてしまうような水を」

さらに「生ける水」のメタファーには、それ以上の意味があります。イエスは単に、彼のもっているもので私たちのいのちが救われるだけでなく、私たちの内面から満足が生み出されると言うのです。「わたしが与える水は、その人のうちで泉となり、永遠のいのちへの水がわき出」る、と言うのです。彼は、深い魂の満足、私たちの周囲で起こっている状況がどうであれ与えられる、すばらしい満足や充足について言っているのです。ここで皆さんにお聞きしたいのですが、あなたを幸せにするものは何ですか。あなたにとって、本当に満足できる人生とはどんな人生ですか。ほとんどの場合、皆さんは自分の外部にある状況について考えて答えるのではないでしょうか。恋愛、仕事、政治、社会的貢献、経済力や、それらが自分に与える影響について答えるでしょう。しかし「もしあれがあったら、あそこに行けたら、そうしたら自分の価値を感じられる、生きる意味や安心を得られる」とあなたに言わせるどんなものも、ほとんど、あなたの外にあるものです。しかし、イエスは、あなたの外にあるどんなものも、あなたの内面にある深い渇きを本当には癒やすことはできない、と言うのです。このメタファーをもう少し考えるなら、顔にかけ続けるような水ではなく、むしろ渇き自体のさらに奥にある、内面から湧き出るような水が必要だということです。そしてイエスはこう言います。「その水をあげよう。源から渇きを癒やそう。あなたの外の状況がどうであれ、完璧な、尽きることのない満足感を、あなたの中心に据えよう」

このイエスの言葉の意味を理解するのが難しいなら、魂の渇きの本当の姿に、ほとんどの人が気づけていないからではないでしょうか。このままいけば自分の夢をあれもこれも実現できそうだ、とか、かつて輝かしい成功を経験したことがある、と考えているうちは、自分の内面にある空虚を「衝動」に、不安を「希望」に感じることができます。そうしている間は、自分がどれだけ渇いているかに、全く気がつかない状態でいられます。私たちのほとんどが、満足できないものがあるとしたら、単純にそれはまだ自分のゴールを達成していないからだと考えます。そうやってほとんど一生、自分の霊的な渇きを認めないまま生きることになります。

そして、それこそが、実際にその夢を叶え、ゴールに達成した一握りの人たちが、抱いてきたその夢の達成に満足できないことを発見し、愕然とする理由なのです。まさに、その現実によって、内面の空虚は増すのです。例えば、何年も前に、かつてのスターテニス選手、ボリス・ベッカーはこう言っています。「ウィンブルドンに二回、そのうち一回は最年少で優勝した。金も手に入れた。……必要な物は全部手に入れた。……でも自殺するような映画スターやポップシンガーと結局それほど変わらない。彼らは何でも手に入れたのに、あんなに不幸せだし、僕には心の平安がないのだから」。[2] 私たちはこう言うかもしれません。「そんな悩みならもってみたい」。しかし、彼が言いたかったのは、彼にも私たちと同じ問題があり、金、セックス、成功、名声などがその問題を解決してくれると思っていた、ということです。違うのは、彼がそのすべてを手に入れたのに、最終的には彼の内面的な渇きは少しも癒やされなかった、という点です。イタリアの女優ソフィア・ローレンは、あるインタビューで、すべてを――数々の賞、結婚――を手に入れたのに、「私の人生には、埋めるのが不可能な空虚がある」と語りました。[3]

誰もが何かのために生きなければならないのに、イエスはこう言います。「その何かがわたしでなければ、あなたは失望させられる」。まず、あなたはその何かに囚われます。それが、何であれ、自分自身に言い聞かせるのです。「どうしてもあれを手に入れなければ、自分にとっての将来はない」。つまり、それを手に入れるうえで何かが脅威になるなら、あなたは異常な恐怖を覚えるようになる、ということです。誰かが邪魔するなら、極端に怒りを覚えます。それを達成できなかったら、二度と自分を赦すことができません。しかし、もしたとえ達成できたとしても、自分が思ったような満足感は与えられないのです。

イエスが言ったことを、現代風に雄弁に語るなら、アメリカ人作家デービッド・フォスター・ウォレスほどうまく表現した人はいないでしょう。彼はその分野ではトップに上り詰めました。新境地を開いた語り口で世界中から認められたポストモダン文学のベストセラー作家として、数々の賞を受賞しました。一千語以上の言葉を含む一文を書いたことさえありました。亡くなる数年前、ケニヨン大学卒業式での彼の送辞は今ではよく知られています。彼は卒業生にこう語りました。

> 誰もが何かを礼拝する。我々に与えられている唯一の選択肢は、何を拝むかだ。そしてやむにやまれず神のような何かを……拝むとしたら、……それが何であれ、君たちはそれに生

きたまま食われるだろう。お金や物を拝むなら、そこに人生の本当の意味を見いだしたいと願うなら、君は決して満たされず、決して満たされたとは感じないだろう。それが真理だ。自分の肉体や容姿の美しさ、性的魅力を拝むなら、いつでも自分は醜いとしか思えないだろう。時が経ち、老いが見え始め、実際に愛する家族に看とられるまで、何百万という死を体験する……権力を拝めば、無力と恐れに襲われ、その恐れを麻痺させるために、他者を支配するもっと強力な力が欲しくなる。知性や、自分が賢く見られることを拝めば、自分が馬鹿で、偽物であると感じ、それがばれることを恐れるようになる。言っておこう。こういった礼拝形式の狡猾さは、それ自体が悪であり罪深いというところにはない。むしろそれが無意識に行われる、というところだ。それは我々の初期設定なのだ。[4]

ウォレスは決して信仰深い人間ではありませんでしたが、誰もが礼拝する、誰もが自分の救いのために何かを信じている、誰もがその人生を、何かの信仰を土台に生きていることを理解していました。このスピーチの数年後、ウォレスは自身の命を絶ちました。この無宗教だった男性の、我々への告別の言葉はかなり恐ろしい言葉です。「その何かに君は生きたまま食われる」。たとえ、拝むという言葉を使わないとしても、あなたが何かを拝み、探し求めているのは全く確かな事実です。そしてイエスはこう言います。「あなたがわたしを拝まないなら、わたしがあなたの生活の中心でないなら、わたし以外の何かでその魂の渇きを癒やそうとするなら、問題への解決が外的状況ではなく内部から湧き出るものであることを認めないなら、あなたが拝んでいるものが何であれ、最終的にはあなたはそれから見捨てられる」

私たちは夢を叶えられると信じているので、自分がどれだけ渇いているかにしばしば気がつかない、と前述しました。そういうとき、イエスの前を素通りすることは簡単です。しかし、この井戸での女性は、そのような幻想を抱いていませんでした。だからこそ、ピンときたのです。彼女はすぐにイエスに言います。「生ける水とは何ですか。それをわたしに下さるのですか」。すると、イエスは彼女にこう言って、形勢を逆転させます。「行って夫を連れてきなさい」。彼女は答えます。「わたしに夫はいません」。それに彼が「確かに。五人の夫がいたが、今一緒に住んでいるのは、あなたの夫ではない」と言います。

イエスは一体何をしているのでしょう。確かにここでは、この女性の褒められないような性遍歴について、その伝統的理解から「罪人」と見ることもできるでしょう。イエスは彼女に恥をかかせようとしているのでしょうか。いいえ、そうだとしたら彼は、名誉が重んじられる社会のルールを犯してまで、あのように優しく彼女との会話に踏みきることはなかったでしょう。

なぜイエスは突然、話題を、生ける水から彼女の男性遍歴に変えたのでしょうか。その答えは……「彼はそもそも話題を変えていない」、です。彼は彼女をそっと押して、気づかせるのです。

「もしわたしがあげようとしているこの生ける水がどんなものか知りたいなら、まずそれを、あなたが今までの人生でどのように手に入れようとしてきたかを理解しなさい。それを男性から得ようとしていたのでしょう、そしてうまくいかなかった、違いますか。男性へのあなたの執着は、あなたを生きたまま食べているし、それは決して止まりません」

この時点で女性は、自分の生活がそれほど知られていることと、彼の指摘に衝撃を受け、こう応答します。「先生、あなたは預言者です！」それから彼女は当時取りざたされていた大きな神学的問題を突きつけます。「私たちは、ここの神殿で礼拝しますが、ユダヤ人はエルサレムの神殿で礼拝します。どちらが正しいのですか」。21〜24節でイエスは驚くべき応答をしていますが、要点はこうです。「物理的な神殿なしに神につながることができる日が近づいています」。圧倒された彼女はこう答えます。「救い主が来るときにすべてを私たちに説明してくれるはずです」。イエスはついに爆弾を落とします。「あなたが今話している、わたしがそれだ」（ヨハネ4・26）

さて、今度は、この追放者との出会いの直前にイエスが経験した出会いに目を向けましょう。ヨハネ3章で、イエスはかなりの重要人物、パリサイ人で当時の宗教的指導者に出会います。

さて、パリサイ人の中にニコデモという人がいた。ユダヤ人の指導者であった。この人が、夜、イエスのもとに来て言った。「先生。私たちは、あなたが神のもとから来られた教師であることを知っています。神がともにおられるのでなければ、あなたがなさるこのようなしるしは、だれも行うことができません。」イエスは答えて言われた。「まことに、まことに、あなたに告げます。人は、新しく生まれなければ、神の国を見ることはできません。」ニコデモは言った。「人は、老年になっていて、どのようにして生まれることができるのですか。もう一度、母の胎に入って生まれることができましょうか。」イエスは答えられた。「まことに、まことに、あなたに告げます。人は、水と御霊によって生まれなければ、神の国に入ることができません。肉によって生まれた者は肉です。御霊によって生まれた者は霊です。あなたがたは新しく生まれなければならない、とわたしが言ったことを不思議に思ってはなりません。……」（ヨハネ３・１〜７）

ここでのイエスは、井戸で出会った女性とは正反対の態度を示しています。彼女にはとても優しく話しかけ、その屈託の無さで彼女を驚かせ、その後ゆっくりと、彼女の霊的必要を指摘し対決しました。しかし、この内部者との出会いでは、イエスはより力強く直接的です。ニコデモは丁寧に始めます。「ああ、先生。先生のおうわさはよくうかがっております。神から与えられた大変な知恵をおもちだとのことで」。しかし、イエスはニコデモに真っ向勝負をしかけます。「あなたはもう一度生まれなければならない」。その人生のほとんどを厳しいユダヤの伝統に則って、神を礼拝しながら過ごしてきたと思われるニコデモは、イエスのこの奇妙な発言に気分を害したことでしょう。

「もう一度生まれる《born again》」。現代、深い意味をもつこの用語は、まさにここから来ています（訳者注・主にプロテスタント教会で使われる用語。「新しく生まれる」「新生」とも。罪が赦され、霊的に生まれ変わること）。一体「新生したクリスチャン」とはどんな人のことを言うのでしょうか。一般的には、私たちとは違う種類の人と考えられています。もっと感情的で過去に傷を抱えた、例えばドラッグ依存、あるいは情緒不安定で、人生を取り戻すためには何か劇的な転換が必要な人たちなのだと。彼らのしたことがあまりにも悪いので、あるいはあまりにも弱い人なので、人生が揺り動かされるような変化が必要なのだと想像しがちです。ですから、現代の、自分自身を寛容だと考える、ほとんどの人が、「新生」とは自分たちよりも弱い人たちのためのもので、だからカタルシスを起こさせるような経験が必要なのだろうと言うのです。あるいは、権威や枠組みがある人生を必要としている人のためのもので、だから彼らは厳しく統制された権威的な宗教的ムーブメントに参加するのだろうと言うのです。つまり「新生する」とは、ある種の人のためであって、それが必要な人がいるなら、もたせてあげればいいじゃないか、という考えです。

　この考えには問題があります。聖書の記事からはそのような見方ができないからです。ニコデモは市民的指導者、サンヘドリンというヘブル人の高等裁判議会の一員でした。富裕者です。熱心で立派なパリサイ人です。これほど誠実な宗教家は見つからないほどでした。彼は、感情的で傷を負ったタイプの人間ではありません。そしてニコデモが若く、正規の教育を何も受けていないイエスを「先生」と呼んだことからは、ほとんどの同僚たちよりも、謙虚で広い心の持ち主だったことがうかがわれます。ニコデモは、どこからどう見ても尊敬できる人でした。落ち着きがあり、成功し、自制心があり、道徳的で宗教熱心でした。しかも心の広い人間でした。

ではイエスはどうしたかというと、追放者に対して使ったのとは違うメタファーを、この内部者に使います。満足感の無さを指摘する（「あなたに生ける水をあげます」）代わりに、ニコデモのひとりよがりの自己満足を指摘するのです（「あなたはもう一度生まれなければならない」）。あなたは生まれるために何かしましたか。生まれるというその特権のために一生懸命働きましたか。あなたは自分が注意深く計画したから生まれたのですか。そうではないでしょう。自分が生まれるために、勝ち取れること、貢献できることなど、何もないのです。それは無償で与えられるいのち、という贈り物です。新しい誕生もそれと同じです。救いは恵みによります。救いを勝ち取れる、救いに値する道徳的な努力などありません。もう一度生まれなければならないのです。

ニコデモのような人には、驚くべき言葉です。イエスは、外の通りにたむろしている売春斡旋業者や売春婦も、霊的にはニコデモと同じ位置に立っていると言うのです。自らの道徳的霊的達成感に顔を紅潮させるニコデモも、路上生活や依存症に苦しむ人も、神にとっては同じく失われた存在なのです。どちらも、ゼロからの出発が必要なのです。どちらも、もう一度生まれなければならないのです。どちらも、永遠の霊的ないのちを得なければ、何かが彼らを生きたまま食べるのです。そしてそのいのちは、無償の贈り物でなければなりません。

なぜ、そんなことをイエスは言えるのでしょう。

イエスがそう言えるのは、普通に私たちが理解するよりも、もっと深く罪を捉えているからです。ここで、その言葉がもつ否定的な文化的背景について再考してみましょう。井戸での女性を振り返ってみてください。ほとんどの人が多分、彼女を救いが必要な罪人だと、なぜイエスが認識したかは理解できるでしょう。しかし、内部者であるニコデモに対するイエスの扱いは理解できません。なぜニコデモは救いが必要な罪人だと見なされるのか。なぜイエスはこの善良な人物に、彼が天国での場所を確保するため、本質的には何もしていないと言ってのけたのか。

驚くべき答えはこうです。罪とは、あなたの救いのために神以外の何かを求めることだ。自分自身を神の座におくことだ、言ってみれば、自分自身の救い主、支配者に、これからもなり続けることだ、というのです。これが、十戒の第一戒に見られる、聖書的な罪の説明です。井戸での女性のように、すべての道徳規定を、自分の快楽や幸福の追求のために破るのも一つです。セックス、金、権力を、一種の救いそのものにするのです。しかし、自分の救い主、支配者になるための宗教的な方法もあります。つまり、善的道徳的な達成を目指せば、本質的に、神は自分を祝福し、自分が望むように自分の祈りに応えなければならない、という考えです。その場合、無宗教の人がセックス、金、権力に見いだそうとするように、あなたは自分の道徳的善意と努力に自分の存在意義や安心感を見いだそうとしています。宗教熱心な人は、常に神を信頼することについて話しますが、ちょっとでも自分の善意が自分の救いに貢献していると思えば、もう自分が自分の救い主になってしまう点が、実に巧妙です。そういうとき、あなたは、あなた自身を信じているのです。実際に不倫したり、盗みを働いたりしなくても、この立場にいるなら、あなたの心はますます、そのようなプライド、自己義認、不安定、嫉妬、悪意にあふれるようになり、周囲の人の生活を惨めにしていくでしょう。

だから、ニコデモとサマリヤの女性のどちらも、恵みを必要とする同じ罪人として見ることができるのです。そして、それは私たち全員、同じです。どんな場合でも、あなたは、自分自身の救い主、支配者になろうとし、神に借りをつくらせ、あるいは少なくとも、ちょっとでも自分に都合よく世界を動かそうとしています。どちらにしろ、イエスはそれを罪と呼びます。彼は、あなたが生ける水が必要で、それにはもう一度生まれる必要があると言うのです。あなたは悔い改め、自分には欠けがあることを認め、イエスを通して神に受け入れられるよう頼み、回心する必要があるのです。

ある人たちはこう言うでしょう。「でもわたしはどちらのタイプでもないですよ。宗教的ではないけれど、道徳的には善意の持ち主です。神はいるかもしれないし、それは私にはよくわかりませんん。でも、どちらにしろ、私はいい人ではあるし、結局それが一番大切なことじゃないですか」。本当にそうでしょうか。例えば、ある貧しい寡婦が一人息子を女手一つで大変な苦労をして、いい教育を受けさせ、大学にも進学させたとします。息子を育てながら、彼女はこう言います。「いいかい、お前にはいい人生を送ってもらいたい。いつも正直に地道にこつこつ働いて、貧しい人には親切にするんだよ」。大学卒業後社会人になった彼は、その後、母親と話すことも一緒に時間を過ごすこともなくなりました。確かに誕生日カードを送るくらいはしても、電話もかけず、会いに来ることもありません。そんな彼に、母親との関係について尋ねたら、こう答えが返ってくるでしょう。「母とは個人的には何の関係もありませんよ。でも、私はいつも正直でこつこつ働いて、貧しい人には親切にしています。いい人生ですよ。それが一番大切でしょう?」

この答えに、皆さんは満足しないでしょう。母親と何かしらの関係性をもたずに、単に彼女が望んだような道徳的な人生を送る、というのは彼にとって十分ではありません。彼の言動は、彼が今ここにあるのはすべて母親のおかげであるという事実から言っても、非難されるべきでしょう。単に道徳的な人生を送る以上に、彼には母親への愛と誠実さという借りがあるのです。

もし神がいるなら、あなたは神に文字どおりすべての借りがあります。もし神がいるなら、道徳的に真面目に生きる人生などより、あなたにはもっとずっと大きな借りがあります。神こそあなたの人生の中心にふさわしい存在であるはずです。あなたがたとえいい人間であっても、神をあなたの神にしないのであれば、あなたはニコデモやサマリヤの女性と同じように有罪です。あなたは自分自身の救い主、支配者になっているのですから。

どうしたらいいのでしょうか。それには、偽りの救いの形式、つまり偽の救い主たちを見上げることをまずやめることです。もしあなたが、自分のキャリア、伴侶、金、道徳観を土台に人生を築いているなら、失敗に終わり、あなたにとって希望はありません。なぜかわかりますか。イエス・キリスト以外の救い主はどれも、本当の救い主ではないからです。キャリアに失敗したら、それは赦されません。あなたは自己嫌悪と恥をもって罰を受けるだけです。イエスは信じる者を満足させ、彼を失望させる者を赦す唯一の救い主です。それとは対照的に、あなたのキャリアも道徳的生き方も、あなたの罪のために死ぬことはできません。

ヨハネ４章を読み進めていくと、あのサマリヤの女性が、自分の見つけた生ける水について友人に話す場面が出てきます。救い主に出会ったことを証言し、行って彼に会うよう誰彼となく勧めます。なぜ彼女は救い主を見つけたのでしょう。よく聞いてください――それはイエスの喉が渇いていたからです。喉が渇いていなかったら、井戸にも行かなかったし、彼女も生ける水の存在を知ることはなかったのです。ではなぜ、イエスは喉が渇いていたのでしょう。彼が神のひとり子であり、天地の創造主であるのにもかかわらず、その栄光ある身分を捨てて、この世界に、はかない、限りある、疲労と渇きを感じる身体を持った人として下りて来たからです。言い換えれば、彼女は、イエスが「喉が渇いた」と言ったので、生ける水を見つけられたようなものなのです。「渇く」とイエスが言ったのは、ヨハネの福音書中、それが最後ではありません。十字架で死の直前、彼は「わたしは渇く」と言い、それは単に身体的な渇きだけを意味していたわけではありません。そこでイエスは、私たちの罪のために、私たちが受けなければならなかった罰を受けたので、父との関係の喪失を経験していたのです。そこで、彼は父なる神との関係、生ける水の源から断絶されたのでした。徹底的な渇き、拷問のような、殺人的な永遠の渇き、つまり脱水による最悪の死でも及ばないような激しい渇きを経験していました。それは逆説的でもあり、驚くべき行為でもありました。イエス・キリストが十字架で果てしない渇きを経験したので、あなたも私も、その霊的な渇きが満たされるのです。彼が死んだので、私たちはもう一度生まれることができるのです。そして彼は喜んでそうしました。彼がしたこと、なぜ彼がそれをしたかを見つめると、私たちの心は囚われていたものから離れ、彼を礼拝する方向へと向かいます。それこそが福音です。それは、懐疑主義者も、信仰者も、内部者も、追放者も、その中間にいるあらゆる人にとっても同じです。

第3章　嘆く姉妹

　この世界は今のままで何の問題もない、人類は完璧だと言える人は、どれだけいるでしょうか。井戸の女性とイエス、またニコデモとイエスとの出会いは、この世界の何が間違っているのかを示しています。同様に、マリヤとマルタの話は、その間違った世界を、何が、あるいは誰が修復できるかに焦点を当てています。そしてクリスチャンは、その答えがイエスだと信じています。ですから、そのイエス自身に注目したいと思います。すべてを修復するはずの、キリスト教の中心的人物とは、一体どんな人なのでしょう。

　ヨハネの福音書から、イエス、マルタとマリヤ姉妹、その兄弟ラザロとの関係を示している箇所を見ていきましょう。11章の始めで、ラザロは、「イエスに愛された者」と記されています。この表現は、福音書中イエスが最も親密だった弟子との関係について使われたものと同じ言葉が使われています。イエス、ラザロ、マリヤ、そしてマルタは、自分たちを文字どおり、家族同然に考えていたようです。

　福音書の記事からは、ラザロが重病で危篤状態だったことがわかります。マリヤとマルタはイエスを呼びに使いをやりますが、イエスの到着を待たずにラザロは息を引き取ります。ようやくイエスがこの友人宅に着いた頃には、皆がラザロの死を嘆いており、遺体は墓に納められた後でした。歴史上よく知られているのが、そのときイエスがしたことです。それはまた、イエスの人となりだけでなく、彼が何のためにこの世界に来たのかを最も鮮明に示す事件でした。

それで、イエスがおいでになってみると、ラザロは墓の中に入れられて四日もたっていた。ベタニヤはエルサレムに近く、三キロメートルほど離れた所にあった。大ぜいのユダヤ人がマルタとマリヤのところに来ていた。その兄弟のことについて慰めるためであった。マルタは、イエスが来られたと聞いて迎えに行った。マリヤは家ですわっていた。マルタはイエスに向かって言った。「主よ。もしここにいてくださったなら、私の兄弟は死ななかったでしょうに。今でも私は知っております。あなたが神にお求めになることは何でも、神はあなたにお与えになります。」イエスは彼女に言われた。「あなたの兄弟はよみがえります。」マルタはイエスに言った。「私は、終わりの日のよみがえりの時に、彼がよみがえることを知っております。」イエスは言われた。「わたしは、よみがえりです。いのちです。わたしを信じる者は、死んでも生きるのです。また、生きていてわたしを信じる者は、決して死ぬことがありません。このことを信じますか。」彼女はイエスに言った。「はい。主よ。私は、あなたが世に来られる神の子キリストである、と信じております。」こう言ってから、帰って行って、姉妹マリヤを呼び、「先生が見えています。あなたを呼んでおられます」とそっと言った。マリヤはそれを聞くと、すぐ立ち上がって、イエスのところに行った。マリヤとともに家にいて、彼女を慰めていたユダヤ人たちは、マリヤが急いで立ち上がって出て行くのを見て、マリヤが墓に泣きに行くのだろうと思い、彼女について行った。マリヤは、イエスのおられた所に来て、お目にかかると、その足もとにひれ伏して言った。「主よ。もしここにいてくださったなら、私の兄弟は死ななかったでしょうに。」そこでイエスは、彼女が泣き、彼女といっしょに来たユダヤ人たちも泣いているのをご覧になると、霊の憤りを覚え、心の動揺を感じて、言われた。「彼をどこに置きましたか。」彼らはイエスに言った。「主よ。来てご覧ください。」イエスは涙を流された。そこで、ユダヤ人たちは言った。『ご覧なさい。主はどんなに彼を愛しておられたことか。」（ヨハネ11・17～36）

マルタは、イエスのところに来てこう言います。「主よ、ここにいらっしゃったら、弟は死ななくてすんだでしょうに」。このすぐ後に、今度はマリヤが来て、一字一句同じことを言います。二人の姉妹、同じ状況、全く同じ言葉です。しかし、驚くべきことに、イエスの二人への反応は全く違います。イエスは、マルタには、ほとんど議論し始めるような勢いです。「来られるのが遅すぎました」というニュアンスが感じられる彼女の言葉に対し、イエスの返事はこうです。「私はよみがえりで、いのちです！　私にとって、遅すぎることなど決してありません」。彼女の心にあふれる絶望感を押しとどめるかのようです。イエスは彼女の疑いを叱責し、またそんな彼女に希望を与えます。一方で、マルタと同じ言葉を言ったマリヤに向かい、イエスは真逆の反応を示します。議論をするどころか、実際のところ、言葉を失っているかのようです。彼女の心から悲しみがあふれるのを押しとどめるどころか、自分もその悲しみに入っていきます。嘆く彼女のそばに、共に立つのです。涙を流し、「彼をどこに置きましたか」と聞くのがやっとです。

さて、このように全く異なるイエスの反応は、単なる常識では考えられない奇妙な反応にとどまりません。むしろ、それはイエスの人間関係への深遠な知恵のみならず、もっと深い、彼自身の人格、アイデンティティーについての真理を指し示すものでもあるからです。

例えば、人間の姿になりすましてこの世に来た神という存在について、あなた自身が創作するとします。その中で、この神が、自分は死んだ友をよみがえらせる力があり、もう数分もしたら、その場にいる者すべての涙をぬぐい去ることを知りながら、友人の葬式に現れたとしたら、この人の内面の感情はどのようなものだと表現するでしょうか。微笑みをたたえ、喜びを抑えられない様子を、あるいは、はしゃいでさえいる人物として描写しないでしょうか。意気込む彼に腕まくりをさせ、「さあ、これから私がすることを見ていてごらん」とささやかせたくありませんか。

あるいは、語り部がするように「私がよみがえりであり、いのちです」という言葉を、少しずつトーンを上げて語らせるでしょうか。どちらも、自分を「神だ」と自認する者がしそうな表現ではないでしょうか。しかし、そのような神の存在が、マリヤの苦悶に吸い込まれ、ただ泣きながらその場に立っているなどとは私たちは全く想像もしません。さっきまで雄々しかった彼が、なぜ次の瞬間には、かくも脆くなれるのでしょうか。

しかし、これは誰かの創作ではありません。そして、この記事は、新約聖書が別の箇所で前提としていることを、劇的に示しています。つまり、イエスが本当に神であり、そして、完全に人間でもある、という前提です。人間に変装した神でもなく、神の雰囲気をもつ単なる人間でもなく、神であり、そして人なのです。最初にマルタ、次にマリヤとの彼の出会いは、彼が、神でもあり、人間でもあることを表しています。

マルタとのやり取りの中で、彼はこう言います。「私はよみがえりであり、いのちです」。神性の主張です。神だけがいのちを与え、取り去ることができます。単に「私には超自然的な神としての力があるから、ラザロをよみがえらせることができる」と言っているわけではないことに、注目してください。むしろ、「私はよみがえりであり、いのちです。わたしが、すべてにいのちを与え、生かすことができる力だ」、と言うのです。驚くべき主張です。

イエスがこのように主張したのは、決してこの箇所だけではありません。福音書を通して、彼はその神性を示しています。実際、明確な説明だけでなく、間接的な言及も含めれば、この神としてのアイデンティティーの主張は、ほとんど、どの章にも表れます。ルカ10章では、イエスが何気なくこう言っている箇所があります。「わたしが見ていると、サタンが、いなずまのように天から落ちました」(18節)。弟子たちは、ものも言えないほど驚いて、こう考えます。「なんだって⁉ 冗談だろ? 誰も知らない、この世が始まる前のサタンの天から地への堕落を覚えているとでも? それを見たとでも言うのか」。当時の人たちに衝撃を与えた、神性についてのイエスのもう一つの間接的な主張は、彼が常に罪の赦しを宣言したことです。誰にとっても明らかなのは、赦すことができる相手は、直接自分に罪を犯した人だけだ、ということです。例えば、A氏に嘘をついたB氏を、あなたが赦すことはできません。A氏だけが、彼に嘘をついたB氏を赦すことができます。だから、イエスが中風の人に「子よ。あなたの罪は赦されました」と言ったとき、見物人たちは、イエスがすべての罪は自分に対して犯されているとほのめかすことによって、自分が神であると主張していると、適切に結論づけたのです(マルコ2・5)。

しかし、イエスの明確な神性の主張は、他にもまだまだあります。ヨハネ5章で、イエスが自身を神と等しくしているのを聞いた群衆は、彼を石打ちにして殺そうとします。8章ではアブラハムが生まれる前から自分がいると言うだけでなく、自分を神の名で呼び、永遠の存在だと主張するイエスを、彼らは同じ石打ちで殺そうとします。「アブラハムが生まれる前から、わたしはいるのです」（ヨハネ8・58）。ヨハネ14章では、ここでマルタに言ったのと似たようなことを言っています。つまり、真理をもっているだけでなく、真理そのものだと主張しています。「わたしが道であり、真理であり、いのちなのです」（6節）。さらにヨハネ20章では、トマスに「私の主。私の神！」と呼ばれますが（28節）、彼の礼拝を批判することなく受け入れています。

　こういった主張は、いつも福音書の読者に大きなチャレンジを与えますが、現代の読者にとってもそれは同じです。多くの人が、イエスの美しい、力ある、独特な教えに気づかされます。だから、彼らはイエスを一人の宗教的賢人として見たいと思っています。しかし十九世紀のスコットランド長老教会の牧師ジョン・ダンカン（そして二十世紀後半のC・S・ルイス）は、イエスの神性の主張によれば、そのような考え方は不可能だと指摘しました。他の主要な宗教の創始者は誰もが、こう言います。「あなたが神を見つけるためにどうすればいいかを教えよう」。しかし、イエスはこう教えました。「わたしは、あなたを見つけに来た神だ」。つまり、単に、この世の賢者に加えられる一人の宗教家としてイエスを見ることはできない、ということです。彼は意図的な詐欺師だったか、単に思い込みの強い人間だったか、あるいは実際に神だったか、のどれかなのです。ダンカンはこれを、三重苦（トリレンマ）と呼びました。

　イエスは、そしてある種、過激な反応を要求します。つまり、彼を悪だと非難するか、狂人だとして立ち去るか、あるいは神だとしてひれ伏し拝むか、のどれかです。どの反応もそれなりに理にかなっています。彼の言葉のもつリアリティーに一致します。しかし、あなたにできないことは、控え目に応答するということです。イエスに向かって、「いい教えですね。とても助けになる。すばらしい思想家だ」と言ってはいけないのです。それは単純に言って、誠意の無い態度です。もし彼が自身で宣言しているような人物でないなら、その教えはかなり歪んで欠陥だらけです。逆に彼が、そういう人物なら、優れた思想家以上の存在であるはずです。イエスは私たちに事実上こう言います。「あなたはわたしの主張を取り扱わなければならない。もしわたしが間違っているなら、知恵があり自分を神だとは言わない謙遜さをもつ他の宗教の創始者たちよりも、自分を神だとするわたしは劣っているはずだ。もしわたしが正しいなら、わたしは、あなたが神と究極的な現実を見つけるための最高の道であるはずだ。しかし、確かにわたしは、他の誰とも等しくはない」

このトリレンマから脱出しようとさまざまな試みをしている人たちと何度も話し合ってきました。たぶん、最も一般的な試みは、イエスは自分のことを神だと主張したことは一度もなかった、という説明です。「新約聖書にどれだけ歴史的信憑性があるんですか」という反論はこう続きます。「自分を神だと主張したことはもちろん、そもそもキリストが実在したかどうか、どうしてわかるのですか。イエスが神の御子だという考えは、彼の死後何年も経ってからつくられたものではないのですか」。しかし、聖書以外の歴史的文書からイエスの存在については有力な証拠があります。そして、福音書が伝説を集めた口伝文書ではなく、目撃者の証言に基づく口伝歴史文書だとする有力な学説が多く見られます。イエスが神だと主張する論拠は、何も福音書記事にとどまりません。イエスを神だと信じないクリスチャンがいた時期や議論が全くなかったことを示す歴史的証拠があります。例えば、イエスの死後わずか二十年後に書かれた、パウロによるピリピ人への手紙では、クリスチャンの初期の賛美歌、おそらくその手紙より古いものが、キリストの神性を讃えています（ピリピ2・5〜11）。これは、イエスは神的な存在であるという信仰が、イエスの死後しばらく経ってから形成されていったということではなく、彼自身の教えに基づくもので、そしてクリスチャン共同体の初期からの前提だったことを意味します。[5] ですから、このトリレンマから脱出しようとする試みは、成功しません。

このトリレンマからの脱出が不可能だと理解した人たちは、次の選択肢に進みます。「わかった。じゃあ、この話に乗ろう。しかし彼が意図的な詐欺師だったとしたら？　頭脳明晰だったとしても、詐欺師じゃなかったとは言えないでしょう？」　しかし、ここにも覚えておかなければならないことがあります。つまり最初のイエスの弟子たちは皆ユダヤ人たちで、一世紀のユダヤ人たちは神が並外れて偉大な存在であると考え、神の名を書くとか、発音することさえ拒絶していたという点です。神が血肉を伴った弱い人間としてこの世界に来るといった考えは、どんなものでも激しく非難されました。つまり、第一に、神であり人間であるという考えは、どれほど宗教的指導者に対する尊敬が高くても、ユダヤ人にとっては男女問わず全く考えられないことでした。第二に、どんな山師であっても、ユダヤ人の弟子たちに、自分が神だと言って説得する試みさえしなかったということです。そんなことをしても成功する確率は皆無だと誰もが思っていました。成功しないことは歴史的に見ても明らかです。一世紀中、自分を救い主だと主張したユダヤ人たちは他にも存在し、確かに彼らの多くには弟子たちもいましたが、神として礼拝された者は一人もいませんでした。

「じゃあ」、とあなたは質問するかもしれません。「イエスが詐欺師じゃなく、本当に正直だったとしても、単なる思い込みの強い人だったと言えませんか。本当に自分自身を神だと強く思い込んでいたとか？　信徒たちをうまく説得できたということは考えられないでしょうか」。答えはいいえです。なぜかを説明しましょう。短期間活動したいくつかの小規模のカルト宗教を除き、主要な宗教には自分を神だと主張する教祖たちがいないことを思い返してみるべきでしょう。歴史上、自分を神だと思い込み主張する人たちがいないわけではありませんが、彼らがそう説得できたのは、ほんの一握りの人たちだけでした。なぜでしょうか。もし、あなたが、自己中心、短気、抑えられない怒り、高慢、不誠実、残酷さなど、人間なら普通にある欠点をもっているなら、自分が神だと説得することは不可能です。そして、また自分を神だと主張する人の周囲には、近くにいて十分にその欠点が見えるので、その偽装を見抜くことができる人たちが必ずいるものです。そして、こういう要素に、文化的、神学的に深く根づいていた当時のユダヤ文化の懐疑主義を加えるなら、必要最低限のユダヤ人に、自分は神だなどと説得するのは、それがよほど道理にかなった、事実の説明でなければ不可能だとわかるでしょう。

歴史的研究からは、キリストの死後、ユダヤ的一神教に誠実であることを標榜しながらも、イエスをただひとりの本当の神として礼拝し始める人たちが飛躍的に増加したことがわかります。[6]偏った小規模の集団以上の人たちに、自分がこの世界の創造主であり裁き主であると説得するという歴史上他の誰もなしえなかったことをするために、イエスは一体どんな生涯を送ったのでしょうか。そのような馬鹿げた主張に強硬に反対するユダヤ人たちを納得させた彼は、一体どんな人物だったのでしょうか。答えは、新約聖書全体に描かれていますが、他に類を見ない美しさをもった人間だったに違いない、ということです。そして、ここに私たちはそんな彼の、息をのむような姿を見いだすのです。

イエスがマルタと出会ったとき、確かにイエスの神性と力の一端、つまり彼が神であることを感じることができます。しかし、それでは彼のすべてを説明していることになりません。すぐ次の瞬間、彼はマリヤの嘆きのもと、墓を前に、泣き崩れるのです。もしある人に本当に神性があるなら、それほど感情につき動かされるとは思えないでしょうが、彼は違いました。ここに、私たちは、人間的な脆さが加えられた神性を見ることができるのです。その愛が、涙を流すほどの弱さに彼を引きおろしました。彼こそがよみがえりであり、いのちだ、つまり神である、という その自らの主張にもかかわらず、彼はマリヤにそのようにして応答しました。神であるのと同じく、完全に人間でもあったからです。彼は私たちと一つなのです。死の恐ろしい力を感じ、愛する人が亡くなったことへの嘆きを実感できたのです。

イエス・キリストについての事実、それを信じるのはかなり難しいですが、説明することもさらに難しい事実です。彼は半分人間で半分神だとか、二割は神で八割は人間だ、あるいはその逆だ、という存在ではないからです。彼は特に高い神意識をもった人間、あるいは人間の体をもつという幻覚を見せた神のかたち、というわけでもありません。彼は神であり、しかし、完全に全く人間でもあったのです。こんな考えに賛同する宗教はほかにありません。超越した創造主、いのちのつくり主が弱くなり、限界のある肉体を伴い、死の恐怖を十二分に感じたなどという宗教は、キリスト教以外にありません。

あなたは、イエスが神であり人でもあったと信じますか。もしあなたがこの件で葛藤するとしても私は驚きません。しかし、この話の二人の女性に応答している彼の実際の姿をよく見てみると、神であり人であるキリストという考えを理解できるかどうかはともかく、それがあなたにとって、まさに最も必要な事実だとわかるのではないでしょうか。

イエスはマルタに、真理の助けとも言えるものを与えます。それがその瞬間彼女に最も必要なものだったからです。イエスは真理をもって彼女の肩をつかむのです。「私の言うことをよく聞いてごらん！　絶望するんじゃない。私はここにいる。よみがえり。いのち。それがわたしだ」。彼の神性ゆえに、空高くある星を指差すことができるのです。それから、マリヤに、涙の助けとも言えるものを与えます。そのとき、彼女が最も必要なものでした。人としてのアイデンティティーがあったので、彼は彼女の悲しみに低く入って行くことができました。完全な誠実さと一貫性をもって、そしてただ彼女とともに涙を流したのです。

さて、率直に言えば、誰しも、真理の助けと涙の助けが、それぞれ時期に応じて必要です。時には真理を突きつけられる必要があるでしょう。愛をもってあなたをゆすって「目を覚まして、自分の周りを見てごらん」と言ってくれる友人が必要です。あるいは、ただ一緒に泣いてくれる人が心底必要な時もあります。人が悼んでいるとき、目の前に真理を突きつけるのは、ある場合は明らかに間違っています。しかし、一緒に泣くだけで真理を語らないのも同じくらい間違っていることがあるのです。私たちの誰もが、そのとき他者が必要としているものそのものを与えるための、性格、忍耐、観察力を、いつももち合わせているわけではありません。中には、共感が必要なときにあえて対決してしまう傾向の人もいるでしょうし、その逆もいるでしょう。しかし、イエス・キリストは、あわれみ深くなければいけないときには、決して強く出ないし、また強くなければならないときに、か弱くはないのです。なのに、それは単に、彼が完全な、すばらしいカウンセラーである、というだけではありません。彼は、涙を流すことのできる、真理そのものなのです。彼は肉体をもって具体化された神そのものです。

彼が神であり人であるという逆説は、イエスに圧倒するような美を与えます。彼は獅子であり子羊です。自分についての高い主張にかかわらず、彼自身は高慢にならず、権力を笠に着ることも決してありません。弱者や傷ついた者たちが自由に近づくことができる親しみやすさをもちながら、邪悪な者、権力者に対しては全く恐れがありません。彼はひ弱さのない優しさを、また辛辣さのない力強さを兼ね備えています。全く自信を損なわない謙虚さを、全く自己陶酔に陥ることがない大胆な権威を、近寄りがたさが全くないきよさと果てしない説得力を、無神経ではない権力をもっています。私はかつて、ある説教者がこう言ったのを聞いたことがあります。「イエスが言うに決まっている言葉を、未だかつて誰も予想できたためしがない。彼にはいつも驚かされ、そしてそれらは皆、彼の完全性から来る驚きなのだ」[7]

ですから、イエスは人となった神です。しかし、もちろん、これは私たちに一つの疑問を投げかけます。なぜイエスはそうしたのか。なぜ絶対的な力をもつ存在が私たちの弱さの中に入って来なければならなかったのか。嘆く姉妹たちの記事の最後の部分を見てみましょう。

そこでイエスは、またも心のうちに憤りを覚えながら、墓に来られた。墓はほら穴であって、石がそこに立てかけてあった。イエスは言われた。「その石を取りのけなさい。」死んだ人の姉妹マルタは言った。「主よ。もう臭くなっておりましょう。四日になりますから。」イエスは彼女に言われた。「もしあなたが信じるなら、あなたは神の栄光を見る、とわたしは言ったではありませんか。」そこで、彼らは石を取りのけた。イエスは目を上げて、言われた。「父よ。わたしの願いを聞いてくださったことを感謝いたします。わたしは、あなたがいつもわたしの願いを聞いてくださることを知っておりました。しかしわたしは、回りにいる群衆のために、この人々が、あなたがわたしをお遣わしになったことを信じるようになるために、こう申したのです。」そして、イエスはそう言われると、大声で叫ばれた。「ラザロよ。出て来なさい。」すると、死んでいた人が、手と足を長い布で巻かれたままで出て来た。彼の顔は布切れで包まれていた。イエスは彼らに言われた。「ほどいてやって、帰らせなさい。」（ヨハネ11・38〜44）

私は38節の英訳は、実際どれも満足していません。「そこでイエスは、またも深く動揺しながら、墓に来られた」とあります（新国際訳）。しかしこの節は「怒りに唸る」という意味のギリシア語が用いられていて、どういうわけか、どの翻訳者も、ギリシア語の専門家や注解者によるこの箇所に共通する理解に躊躇を感じたようです。イエスは無条件に怒り狂っていました。怒りに打ち震え、唸るほどだったのです。彼は何に、あるいは誰に対して怒っていたのでしょう。ラザロの家族に対して怒っていたという示唆はありません。それでは何に対してでしょう。

まさにディラン・トマスの書いたとおりです。「かの良き夜に身をゆだねるな。憤れ、憤れ、光の死に対して」。イエスは、死に対して憤っていました。「さあ、現実を見つめよう。誰だって死ぬのだから。それがこの世の習いだ。運命に身をゆだねなさい」などとは言いませんでした。彼はそう言いません。イエスは、私たちの最大の悪夢に正面から立ち向かいます。いのち、愛する者、そして愛の喪失を前に、激怒しているのです。悪と苦しみに対して怒っていますが、神である自分自身に対しては怒っていません。どういうことでしょうか。

まず、悪と死は罪の結果であり、神がもともとつくり出したものではないからです。神がつくった世界はもともと、病気も、苦しみも、死もありませんでした。それなら、とあなたは疑問に思うでしょう。もしこの世界の現状に不服なら、なぜ神自身が現れてそれを止めないのか、と。地上に現れて、すべての悪を終わらせたらいいじゃないか、と。しかし、その質問自体が、自己認識の無さを表しています。聖書はこう言います。（そして私たちも心の奥底では気づいているでしょうが）世の中の多くが間違っているのは、人間の心のせいだ、と。この世の人生に多く見られる悲惨は、自己中心、高慢、残酷さ、怒り、抑圧、戦争、暴力の結果です。もしイエス・キリストがこの世に神の怒りの剣をもって悪に立ち向かうために現れたのだとしたら、私たちの誰も生き残れず、そのことについて語ることすらできなかったということです。私たちは皆、悪と自己中心を内に抱えているからです。

しかしながら、イエスは剣を手にやっては来ませんでした。むしろ釘を携えてきたのです。裁きをもたらしにではなく、自ら裁きに耐えるために来ました。そしてこの箇所は、イエスのジレンマを明らかにし始め、さらにそれを示していきます。この11章の後半で、イエスのその権威の示し方を見た宗教指導者たちは、この奇跡によって、思っていたよりも彼がさらに危険な存在になると認識しました。ですからラザロをよみがえらせた後、指導者たちは話し合い、53節によると、「その日から、イエスを殺すための計画を立てた」のです。

イエスはもちろん、これらすべてを知っていました。彼は死んだラザロを生き返らせたら、宗教的グループが彼を殺そうとすることも知っていました。むしろ、だからこそ、彼は知っていたのです。ラザロを墓から生き返らせるためには、唯一彼自身が墓に入らなければならなかったことを。ラザロの葬式を中断させるには、自分自身の葬式を執り行わなければならないということを。私たちを死から救うなら、自ら十字架に向かい、私たちが受けるべき裁きを耐えなければならないということを。だからこそ、イエスは墓に向かうとき、これから上演する優れた作品を思って笑みをたたえる代わりに、怒りに打ち震え、涙を流したのです。私たちを死から救うのにどれだけの犠牲が必要なのか、彼は知っていました。おそらく、死という脅威が今まさに彼をのみ込もうとしているのをひしひしと感じていたのでしょう。そういうすべてを知り経験しながらも、彼は叫んだのです。「ラザロよ。出てきなさい」と。

そばにいた人たちはイエスについてこう言いました。「主はどんなに彼（ラザロ）を愛しておられたことか」。しかし、本当は彼が私たちをどれほど愛してくれているかに驚きを覚えるべきでしょう。彼は私たちのために、いのちに限りがある、か弱い、殺したら死んでしまう人間になったのです。

一九六一年に、ロシアが有人人工衛星打ち上げに成功した後、時の首相ニキータ・フルシチョフは大胆な発言をしました。私が十一歳のときのことで、とてもよく覚えています。彼はこんなことを言いました。「宇宙へ人を送ったが、そこに神はいなかった。神がいないことを私たちは証明した」。それほど説得力ある論理でも哲学でもありませんでしたが、にもかかわらず、彼は本気でした。そして何百万もの人々がそれを信じています。実験的観察によって、神はいないと証明されたと思っているのです。C・S・ルイスはこの考え方に関して、「見る目」と題したエッセイを書き記していますが、その中で、もし神がいるなら、私たちは例えば一階に住む人間が、二階にいる人間に出会うように、神とつながることはできないと言っています。一階の住人は二階に上がれば、二階の住人に会えます。しかし神は、単に上空に住んでいるわけではないのです。天地も時空も私たちをもつくった、つくり主です。私たちの神との関係は、むしろ、シェイクスピアとハムレットとの関係になぞらえられます。ハムレットは、シェイクスピアのことをどれだけ知っているでしょう。シェイクスピアが戯曲に書いたことだけです。ハムレットは、自分を書いた劇作家のことを、その戯曲を通してしか知ることができません。同じように、ルイスもこう結論づけます。私たちは、単に高度を上げることで神を知ることはできない。もし神が自分について、私たちの人生や世界に何か書き記しているなら、そこからしか神について知ることはできない。そして、神は実際そうしている、と。

しかし、神は私たちにただ情報だけを与えたのではありません。ルイスが説明したようなことを、ルイスの友人、ドロシー・Ｌ・セイヤーズが実際に経験しています。セイヤーズは、オックスフォード大学で初めて女性として学んだ一人で、ピーター卿ものと呼ばれる長編シリーズを書き残した推理小説作家です。ピーター卿は貴族出身の探偵で独身の一人暮らし、シリーズの中盤では背の高い、とりたてて魅力的ではない女性、ハリエット・ヴェインが現れます。ハリエットは、やはりオックスフォード大学に初めて学んだ女性の一人で、推理小説作家でした。彼女はピーター卿と恋に落ち、結婚し、一緒に事件を解決していきます。ここに何が見られるでしょうか。ドロシー・セイヤーズが自身のつくり出した世界に入り込み、登場人物に感情移入して、ピーター卿の痛み、孤独を感じ、恋に落ち、彼を救うために彼女自身を小説に登場させた、と推測する人もいます。

つまり、神も彼女と同じことをしたのです。神は私たちの世界――神がつくり出した世界――を見つめ、私たちが神に背を向け、自分自身を、世界を破壊していることを目の当たりにしました。神の心には痛みが広がりました（創世6・6）。神は私たちを愛していました。また、私たちが自分自身でつくり出した罠や悲惨さから逃れようと、もがき苦しむのを見ました。だから、自分を登場人物として、この世界に書き込んだのです。神であり人でもあるイエス・キリストは、十字架にかかって死ぬために、家畜小屋に生まれました。それは、私たちのためでした。

さあ見てください、イエスが誰なのかを。彼があなたをどれほど愛し、この世界を修復するために、どのように現れたのかを。

第4章　祝宴の裏で

これまで見てきたのは、なぜこの世界にイエスが来たか、それはこの世界が壊れ、闇の中にあったからだということでした。しかし、この章では、その壊れた世界のすべてがどのように修復されるか、について見ていきたいと思います。さらに具体的に、そうするためにイエスはどうしたのか、についてです。

今回の出会いの場は、結婚の祝宴です。ヨハネ2章では、イエスと、その母、そして何人かの弟子たちが、カナという町で、ある結婚式に招かれたことが記されています。当時の伝統的文化では、個人よりも家族と共同体に大きな強調点がありました。人生の意味は個人的達成ではなく、よい夫あるいは妻、息子、娘、父、母になることにありました。結婚の目的の第一は、二人の個人の幸せではなく、むしろ共同体を結び合わせ、次世代を生み育てることでした。言い換えれば、結婚の目的は、公共の福祉のためでした。町に住む家族それぞれがより大きく、強く、多くなればなるほど、経済が潤い、軍事力が増し、町全体が繁栄するのです。

すると結婚式やその祝宴が、今日のそれよりもはるかに一大事だったことがわかります。それぞれの結婚式は、結婚が単に夫婦になる二人のためだけでなく、共同体全体に関わる事柄だったので、町全体のための公の祝宴の場でした。同時に、花嫁、花婿というそれぞれの個人にとっても、人生最大のイベントでした。彼らが成人として、その社会の正式な一員として認められる晴れの日でした。そうだとすると、当時の結婚式の祝宴が、少なくとも一週間は続いたのも納得できるでしょう。

そしてこういった背景の中、今回私たちが見る箇所は、だしぬけに大きなアクシデントから始まります。おそらく祝宴が始まってまだ一日、二日というところで、当時の祝宴に欠かせない、一番大事なぶどう酒が足りなくなるという事態に陥ったのです。実質、それが無ければ祝宴は終わってしまいます。それは、単なる失態にとどまらず、特に伝統的な、名誉と恥に根づいた文化では、社会的心理的大惨事でした。

ここでは、イエスとその母親との間に起こった行き違いが描かれています。

それから三日目に、ガリラヤのカナで婚礼があって、そこにイエスの母がいた。イエスも、また弟子たちも、その婚礼に招かれた。ぶどう酒がなくなったとき、母がイエスに向かって「ぶどう酒がありません」と言った。すると、イエスは母に言われた。「あなたはわたしと何の関係があるのでしょう。女の方。わたしの時はまだ来ていません。」母は手伝いの人たちに言った。「あの方が言われることを、何でもしてあげてください。」さて、そこには、ユダヤ人のきよめのしきたりによって、それぞれ八十リットルから百二十リットル入りの石の水がめが六つ置いてあった。イエスは彼らに言われた。「水がめに水を満たしなさい。」彼らは水がめを縁までいっぱいにした。イエスは彼らに言われた。「さあ、今くみなさい。そして宴会の世話役のところに持って行きなさい。」彼らは持って行った。宴会の世話役はぶどう酒になったその水を味わってみた。それがどこから来たのか、知らなかったので、――しかし、水をくんだ手伝いの者たちは知っていた――彼は、花婿を呼んで、言った。「だれでも初めに良いぶどう酒を出し、人々が十分飲んだころになると、悪いのを出すものだが、あなたは良いぶどう酒をよくも今まで取っておきました。」イエスはこのことを最初のしるしとしてガリラヤのカナで行い、ご自分の栄光を現された。それで、弟子たちはイエスを信じた。

（ヨハネ２・１～11）

この箇所を理解する鍵は、最後の節です。この出来事は単に奇跡ではなく、「しるし」と書かれています。しるしは、象徴、指し示す人、物などのことです。イエスには、この状況で自分の力を示す必要はありませんでした。それでもそうすることを選んだとき、それは他者に「自分の栄光を現した、最初のしるし」、自分の本当のアイデンティティーを示すしるしとなりました。

そして彼がこのように表現したという事実そのものには、非常に興味深いものがあります。[8]

ここで、これがイエスの働き、公生涯の、最初の働きだったことに注目してください。例えば、皆さんが自分を、公職の候補者、新規事業を始める起業家、メジャーデビューするアーティストだと想像してみてください。どのケースでも、世に出る最初の公的な発表には、細心の注意を払います。自分の一挙手一投足が自分が何者であるというメッセージになるよう、どんなに小さなことでも注意して準備します。

しかし、このイエスが提示した、いわば肩書き、名刺とも言えるものを見てみましょう。誰も死にかけていないし、悪霊にとり憑かれても、飢えてもいません。なぜイエスは、自分が何者かを典型的に表す表現が、祝宴を続けることだと思ったのでしょう。なぜ彼の最初の奇跡が――ヨハネによるとイエス自身を指し示す奇跡が――祝宴を中断させないために、超自然的な力で良質の大量のぶどう酒をつくることだったのでしょうか。一体どうして彼はこんなことをしたのでしょう。

レイノルズ・プライスは、デューク大学で長年教鞭をとった傑出した英文学教授で、成功した小説家でもありました。『三つの福音』という興味深い作品は、彼自身がマルコとヨハネの福音書を翻訳分析し、彼自身の表現でイエスの生涯を焼き直したものです。文学の専門家として、彼はヨハネの福音書はフィクションではなく、むしろ、「明晰で思慮深い目撃者によって、イエスていることをこの最初の奇跡についての行動、思いが」記されたものだと論じます。[9] そう論じる理由の一つは、この最初の奇跡について書かれている記事です。プライスはある疑問を投げかけます。「イエスの偉大な働きの就任式とも言える場で、なぜ単なる社交上の失態に対する奇跡的解決を発案する必要があったのだろう」。[10] こんな話をわざわざでっち上げる人などいるでしょうか。

ところで、今まですでに見てきたように、プライスは少し大げさです。当時の文化に生きる人たちにとっては、ぶどう酒を切らすということは単なる社会的失態にとどまりませんでした。しかし新郎新婦の感じただろう恥を考慮してもなお、誰かが生きるか死ぬか、という切迫した状況ではない中、プライスが投げかける質問の効果が感じられます。この行動はイエスがこの世界に何をしに来たかについて、どんなことを物語っているのでしょう。

最初に、この状況に（そして私たちに）イエスが何をもたらしたかに注目してみましょう。９節で、「宴会の世話役」が登場します。実際は、この人は司会、あるいは司式者でした。祝いの儀式に人を招き、その式と祝宴がとどこおりなく行われるように気を配る役です。つまり重要なのは、彼がその宴を盛り上げられるかどうかでした。ということは、イエスが水をぶどう酒に変え、そのピンチを救ったとき、イエスが何と言いたかったかわかるでしょうか。つまり彼は、いわば、自分が、本当の司会者だ、宴の主だ、と言っているのです。

「ちょっと待ってください」と言う人がいるでしょう。「イエスは、自分をへりくだらせるために来たんでしょう。その栄光を手放し、人々から拒絶され、十字架に向かうために」と。もちろん、それも正しいです。しかしある意味、イエスはその大きな喪失と痛みを、この文脈にも当てはめているのです。

「そうだよ」、とイエスは言います。「わたしはこれから苦しみに遭う。そうだ、自己が否定される。そして犠牲が強いられる、最初はわたしに、次はわたしを信じる者たちに。でも、それはどれも、祭りの喜びという目的を達成する手段なんだよ！　復活と新しい天と地をもたらすための道備えだ。すべての悪と死と涙の終焉だ。君は知っているだろう。森の中でぶどう酒を飲んで、踊り、歌うディオニューソス（ギリシア神話の酒神）の伝説を。この世の歴史の終わりに来る永遠の祝宴に比べたら、あんなのは何でもない。そしてわたしを信じる者は、その内から喜びがあふれ流れ、その喜びの前味を、今、味わう。最も困難で渇いた時期にあって、大いに慰められ、そして、元気づけられる前味、生ける水だ。つまるところ、それをもって来るために、わたしはこの世界に来たんだよ。だからこそ、これが、わたしの最初のしるしなんだ」

聖書は神の救いと、神自身についてさえ、よく、まさに感覚的な言葉を使って説明します。詩篇34篇の著者ダビデは、イスラエルの指導者にこう言います。「主のすばらしさを味わい、これを見つめよ」（8節）。しかし、彼らは主のすばらしさをすでに知っているのではないでしょうか。もちろん知っていますが、ダビデは彼らに「味わう」ように招くのです。それが真理であるのは変わりなくても、頭だけで「そうですね」と同意する以上のものを求めたのです。「もちろん、君たちは主のすばらしさを知っている」、とダビデは言います。「だけど、それだけじゃなく、味わってほしいんだ」と言うのです。ダビデは、彼らにもっと深い経験を求めたのです。

私は長老派の牧師です。ある人にとって、私が「イエス・キリストは、我を忘れるほどの喜びと深い満足を、後でだけでなく、今、与えるためにも来たのだ」と言うと、少し奇妙に思われる方もいるでしょう。長老派は、もう少し理性的なイメージをもたれているからです。しかし、聖書は私に他の選択肢を与えません。聖書が最後の日、この世の終わりについて何と言っているか、あなたは知っていますか。イエスはこの祝宴で、その瞬間、このことを考えていたのかもしれません。イザヤ25・6〜8では、「万軍の主はこの山の上で万民のために、あぶらの多い肉の宴会、良いぶどう酒の宴会、髄の多いあぶらみとよくこされたぶどう酒の宴会を催される。この山の上で、万民の上をおおっている顔おおいと、万国の上にかぶさっているおおいを取り除き、永久に死を滅ぼされる。神である主はすべての顔から涙をぬぐい、ご自分の民へのそしりを全地の上から除かれる。主が語られたのだ」とあります。

トールキンの『指輪物語』で、サムワイズ・ギャムジーは、滅びの山から救出され目覚めたとき、ガンダルフがまだ生きているのを見て、何が起こったかを理解します。「ガンダルフ、死んでしまったのかと思いました！　でも、さっきは僕が死んだのかと思ったし。悲しいことはもう起こらない?」 それこそ最終的にイエスのすることだ、と聖書全体が言っています。この世界から私たちが取り去られて天国へ行くのではなく、天国がこの世の終わりにこの地に降りて来て、この世界を新しくするのだと。すべての涙がぬぐい去られる。つまり、何も悲しいことが起こらない、という状態が現実になるのです。それこそが、イエスがこの世界に来た目的です。

フョードル・ドストエフスキーの有名な小説『カラマーゾフの兄弟』で、二人の登場人物が苦しみについて話す場面があります。イワン・カラマーゾフは、苦しみには何か自分たちが納得できる理由があるはずだと、以下のように述べています。

「俺は赤子のように信じきっているんだよ――苦しみなんてものは、そのうち癒えて薄れてゆくだろうし、人間の矛盾の腹立たしい喜劇だっていずれは、みじめな幻影として、あるいはまた、原子みたいにちっぽけで無力な人間のユークリッド的頭脳のでっちあげた醜悪な産物として、消えてゆくことだろう。そして、結局、世界の終末には、永遠の調和の瞬間には、何かこの上なく貴重なことが生じ、現れるにちがいない。しかもそれは、あらゆる人の心に十分行きわたり、あらゆる怒りを鎮め、人間のすべての悪業や、人間によって流されたいっさいの血を償うに十分足りるくらい、つまり、人間界に起こったすべてのことを赦しうるばかりか、正当化さえなしうるに足りるくらい、貴重なことであるはずだ」[11]

まさにドストエフスキーのキリスト教が、その文学的想像力と技術によって押し寄せるかのようです。彼は終わりの日には、現実があまりにもすばらしく、喜びがあふれ、すべてが満たされて、最も惨めな人生さえ（アビラの聖テレサが言ったように）「安宿でのたった一泊」程度に思えるほどだ、と言うのです。

イエス・キリストは言います。「わたしは、祝宴の主だ。終わりの日に、わたしは喜びをもたらしに来る。わたしの肩書き、わたしの最初のしるしは、皆を笑わせることなのだ」

イエス・キリストが私たちに何をもたらすかはわかりました。ではなぜ彼がそれをもたらさなければならなかったのでしょう。この奇跡のもう一つの点に注目してください。イエスは新郎新婦をその失態から救い出そうとしていますが、どのようにしようとしているのでしょう。使ったのは、ユダヤ人がきよめの儀式のために使う水がめでした。旧約時代のユダヤ文化では、身体を洗いきよめるために決められている、おびただしい数の多種多様な儀式、規則が存在していましたが、それはすべて霊的な必要を指し示すためでした。これらは、聖なる神は完全で、私たちは欠けがあり、神につながるには、あがない、きよめ、免罪が必要不可欠だったことを鮮明に表しています。私たちは、神の前にまっすぐ進み出られるような存在ではないのです。だからユダヤ人は、動物の犠牲をささげるに至るまでのきよめの儀式を規定していました。水がめは通常その儀式のために使われるものでした。

そして、ここで注意しなければならないのは、ぶどう酒を切らすのは単なる困惑以上の事態だったということです。恥と名誉の文化の中で、家族を落胆させることは、どれほどの屈辱だったかを想像してみてください。個人主義的影響を受ける現代の西欧社会では、理解するのがなかなか難しいでしょう。いずれにせよ、当時この若い二人はある種の社会的恥と罪悪感を負う危機に直面していました。イエス・キリストは、それらすべてから彼らを救うのです。そしてその、普段はきよめの儀式に使われる水がめを使って、旧約聖書に記されている犠牲を伴う儀式律法が指し示すものを現実に達成するためにこの世界に来たのだ、と伝えているのです。なぜでしょうか。

本書第2章では、罪という概念について取り扱いました。それが気に障る考えであること、牧師がそれについて語ると居心地が悪くなる人がいるのもわかりますが、罪について理解しなければ、イエスがもたらそうとしている喜びを理解することはできません。私たちには、しみがあり、きよめられる必要があることを、罪と恥にまみれ、そこから救い出される必要があることを、理解しなければなりません。そんなものは存在しないと信じ込む、という欺きにだまされずに、です。かなりぶしつけな言い方をさせてもらうなら、あなたは、心の奥底では、自分の何かがおかしいと実は知っているのです。あなたはなぜ、それほどまじめに働くのですか。なぜいつも自分が正しくなければいけないのですか。なぜ自分がどう見えるかをそれほど気にするのですか。なぜなら、それは自分がどこか間違っていることを知っていて、自分で自分をきよめ、自分が正しい者であることを証明し、間違いを覆うという試みを、あなた自身がしているからなのです。

映画「ロッキー」では、三流ボクサー、ロッキーがヘビー級チャンピオン、アポロ・クリードとの対戦前夜にガールフレンド、エイドリアンの隣に寝ながら、実際に試合に勝たなくてもいい、終わりまで倒れずに戦いぬけばいい、と言う場面があります。

「俺はただ証明したいんだ。俺がただの能無しじゃないってことを……負けたって構わない……頭をかち割られたっていい……最後まで戦いぬく、それだけだ。クリードと最終十五ラウンドまで戦ったやつは誰もいない。最終ラウンドまで行って、ゴングが鳴ってもまだ俺が立っていられたら、その時わかる。俺がその辺をうろついているただの能無しじゃないってことが」

一歩踏み込んで言いますが、あなたが人からよく見られるため、成功するため、ゴールを達成するために、いろいろな夢を追いかけて一生懸命努力する理由の一つは、自分も含めたすべての人に証明したいから、ではないでしょうか。認められたいと思う相手が、もはや身近に存在しなくても、自分は単なる能無しではないということを証明したいのです。

あるいは、映画「炎のランナー」のハロルド・エイブラハムスはどうでしょう。彼が百メートル走優勝を目指したのはなぜでしょうか。決勝レース直前彼はこう言います。「目をあげて、あのトラックを見下ろす。……自分の全存在意義を証明するための孤独な十秒間」。彼は、私たちのほとんどが率直に認めたくないことについて、驚くほど率直なだけです。私たちは単に、うまくこなしたいだけではありません。社会に貢献したいだけでもありません。業績を残したいだけでもありません。心の奥底に私たちは感じている、いや、知ってさえいるのです。私たちは、どこか、役立たずだということを。聖書の創世3章に戻り、アダムとエバがあの実を食べ、神に背を向け、すぐに裸だと気づいたことを思い出してください。二人は自分の姿を隠さなければならないと感じたのです。神にもその姿を見せられないと。だから、イチジクの葉で隠しました。あなたの人生での成功は、単に、大きなイチジクの葉でしかないのだと考えてみてください。そして、それは、どんなにがんばっても、自分の間違っている部分を覆うほど十分な大きさにならないのです。

私は思うのです。私たちは、洗われ、きよめられる必要があると、誰もがどこかで知っているのだと。罪、という考えにとても居心地の悪さを感じる人たちでさえです。これほど大胆に言うのは勇気がいりますが、私たちの中には、私たちが思う以上に罪が、自己中心性があるのです。十分すぎるほど存在するので、あなたはそれを神学的にも哲学的にも否定したくなるのです。

「ああ、それなら」とあなたは言うでしょう。「私は人道主義者（ヒューマニスト）です。人間が生まれつき悪だとは信じていません」。でも、ある程度生きてきたなら、また自分自身に正直であるなら、疑いようもなく、自分の心の中に、そんな自分に嚙みつく、あるいはショックさえ与える何かが存在することを認めざるをえないでしょう。「まさか自分がそんなに悪くなれるとは思っていなかった」と言うでしょう。

実際の問題は、私たち皆、悪というものに手を染めかねない存在だということにあります。アドルフ・アイヒマンはナチス親衛隊情報部の一人としてホロコーストに関わり、第二次大戦後は南米に逃亡、一九六〇年に身柄を確保され、イスラエルに連行され裁判にかけられました。そして審理、有罪判決に続き、処刑されました。この裁判中、非常に興味深い事件が起こります。起訴されていた人道上の罪に、実際彼が関わったのを見た目撃者の証言が必要とされました。収容所での暴虐行為に彼が関わったという目撃証言です。その証人の一人に、イェヒエル・デ・ヌールという人物がいました。証言台に上がった彼は、ガラス張りのブースの中にいるアイヒマンを見た途端、泣きながら床に倒れ込んだのです。裁判官は事態を収拾しようと木槌を叩き、非常に劇的な展開になりました。

後にデ・ヌールはマイク・ウォレスの「60ミニッツ」というインタビュー番組に出演します。ウォレスが、当時のビデオを彼に見せ、なぜそのようなことになったのか質問しました。悪夢のような記憶に圧倒されたのか、それとも憎悪に満たされたのか。それで失神したのか。デ・ヌールはどれも否定し、それからウォレスとほとんどすべての市井の西欧文化人に衝撃を与えるような発言をしました。彼はアイヒマンが極悪非道人ではなく、凡人であったことに圧倒されたと言ったのです。「私は、自分自身を恐れました。……私自身もあのようなことをしかねないと……全く彼がしたのと同じようなことを」[12]

ナチスを人間以下だと言うこともできるでしょう。私たちとは全く違う、彼らがしたようなことを、私たちはすることができないと。しかし、その見方には深刻な問題があります。歴史上、あの時代全体について最も恐ろしいことは、少数の個々の悪の指導者の存在というよりも、史上最高水準の学問、科学、文化を生み出していた社会全体の多数の人たちの共謀だったことです。少数の孤立したモンスターの仕業だとして、その時代全体の失敗を帳消しにすることは不可能なのです。それに、ナチスを「人間以下」「私たちとは違う」とする見方が、実際、彼らを考えられないほどの暴虐へ駆り立てたのです。彼らも、ある階級の人々は人間以下、自分より劣っていると見なしていたのですから。あなたは彼らと私たちに共通する人間性を否定することができますか。彼らが向かったような方向に向かいたいと思いますか。ナチスの大多数、そして彼らに導かれた何百万という人たちは、牙を剝いたモンスターではありませんでした。ハンナ・アーレントは、公判中のアイヒマンを見て、ニューヨーカー誌に、彼が精神異常者などでは全くなく、憎悪も怒りも見せない、むしろ、キャリアアップしたかった普通の人物だと報じました。これを彼女は「悪の陳腐さ」と呼びました。悪は、すべての普通の市民たちの心に潜んでいるのです。

ですから、本当はこう言ったほうがより正直でしょう。「ひどいことをしたあの人たちと、私は、ある意味では何ら変わりがない。同じ人間なのだから」。私の心の奥底に、恐ろしいほどの残酷さと自己中心性に生きかねない部分があるはずで、そして私はそれを直視したくない」。イエスはもちろん、そこにそれがあるのを知っていました。「……多くの人々が、イエスの行われたしるしを見て、御名を信じた。しかし、イエスは、ご自身を彼らにお任せにならなかった。なぜなら……イエスはご自身で、人のうちにあるものを知っておられた……からである」（ヨハネ２・23〜25）とあります。私たちの内面の自己中心性と罪が、明らかに暴力的で残虐な犯罪行為として現れなくても、多くの場合、周囲の人を惨めにさせているのは確かです。そして、私たちをつくり、私たちにすべてを与えた神に仕えず、背を向けるという結果を生んでいます。イエスは、そんな中にいる私たちを洗い、霊的に間違った状態にいる私たちをきよめるために来たのです。

それでは最後に、イエスはどうやって癒やし、きよめ、赦しをもたらしたのでしょう。ここにこの箇所の中心的なメッセージがあります。マリヤはイエスにぶどう酒が足りなくなったことを告げます。他の者と一緒に告げたのかもしれませんが、そう考えるのはあまり現実的ではありません。マリヤはイエスが本当は何者だったのかを知らないかもしれませんが、息子が普通の人ではないことも知っています。もちろん、天使たちのことも覚えているでしょう。忘れられるわけがありません。そして彼女が、成長するイエスについてどんなことを見聞きしてきたか、私たちはよく知りません。[13]

ですから、彼女はイエスに問題を報告します。彼の返事は「あなたはわたしと何の関係があるのでしょう。女の方」でした。これは、実母に対する応答としてはかなり冷たく聞こえます。このような箇所は、時に英訳が誤訳になることがあり、原文でのほうがよりニュアンスを含めた読み方ができます。しかしこのケースに対する注解書では、特に当時の家族中心の社会において、イエスがまさに母親に対して珍しく無遠慮な言い方をしたことが説明されています。

どういうことでしょうか。福音書の他の記事から、イエスは簡単に怒るような人物ではなかったことがわかります。後悔するような発言もしません。拷問を受けているときでさえ、ひどい言葉や怒りに満ちた言葉を言わなかったので、この場合も単に機嫌が悪かったというわけではありません。何かが彼の心に重くのしかかっていました。そしてそれを私たちに知らせようとしていました。彼は言います。「わたしの時はまだ来ていません」

さてここで、ヨハネの福音書を注意深く読んでいくと、ほかにも何箇所か「わたしの時」についてイエスが語っているのがわかります。そしてそれはいつも、自分の死について語る場面においてでした。彼の時とは、十字架での死の瞬間のことです。そう聞いて、このやり取りがなぜこうも辻褄が合わないのかわかりますか。

マリヤは言います。「大変だわ。ぶどう酒が足りなくなってしまった」。これに対して、イエスは言います。「なぜわたしにそれを言うのですか。まだ死ぬ準備ができていないのに」。どういうことでしょう。

マリヤが「時」とは何を意味しているか知っていたかどうかはかなり疑わしいですから、わかったのは、彼女の単純な説明に対する息子の応答は、感情的で、鋭く、謎に満ち、またどこか攻撃的であるということだけでした。しかし、彼女はほとんどの親がするように、言い合ったり、説明を求めたり、苦々しい思いで立ち去ったりはしませんでした。天使が彼女に言ったことを覚えていたので、祝宴で接客をしている使用人に言います。「あの方が言われることを、何でもしてあげてください」

さて、ここでイエスは何を考えていたのでしょう。なぜ彼は単にぶどう酒を追加してくれというう求めと、自分の死の時を結びつけたのでしょう。象徴性（シンボリズム）に注目してみましょう。奇跡は、彼が何をするために来たのかを示す証拠になります。ぶどう酒は彼の考えの中で何を示しているでしょう。この事態にあって、恥を喜びに変えるために必要な何かが足りないとしたら、何でしょう。私たちは、それが何かわかっています。なぜなら彼はきよめと洗いのための水がめを使って、ぶどう酒をつくったからです。

イエスが謎めいた表現をしたとき、それは、まるで母親も、新郎新婦も、結婚の祝宴すべてを超えた遠くを見ているかのようでした。何か他のものを見ていたのです。彼はこう考えていました。「そう、わたしはこの世に祝宴の喜びをもたらす。人を、その罪と恥からきよめる。この世界に喜びをもたらしに、わたしは来たのだから。でも、ああ、お母さん。わたしはそのために死ななければならないのです」

実際これ以上のことが彼の頭の中に去来していたと、私は思います。旧約聖書には、神が私たちと、単に国王と国民との関係だけでなく、花婿が花嫁に対するような関係をもちたいのだ、ということが示されています。彼は私たちと、夫と妻との間のような深い愛の関係を築きたいのです。よくヘブル語の聖書で、神は民の花婿として自分自身を表します。そして新約聖書のヨハネの福音書のある箇所で、弟子たちが断食しないことを非難されたとき、イエスはこう言います。「花婿がまだいるときに、なぜ花婿の友人が断食しなければならないのか」。わかりますか。イエスが自分自身を花婿と呼んでいることを！　聖書によれば、全世界の創造主の神だけがその民の花婿なのだということをはっきりと認識したうえで、イエスはそう話しています。記者として、ヨハネはこのテーマについてさらに続けます。新約聖書の最後にある黙示録で、彼はすべての終わりをこう描写しています。「私はまた、聖なる都、新しいエルサレムが、夫のために飾られた花嫁のように整えられて、神のみもとを出て、天から下って来るのを見た」（黙示録21・2）。「御使いは私に『小羊の婚宴に招かれた者は幸いだ、と書きなさい』……と言った」（黙示録19・9）。言い換えれば、この世の終わりにすべての祝宴を凌駕する祝宴が催されるのです。それは単に一般的な宴会ではなく、結婚の祝宴です。ようやく、愛し合う人々の親密で永遠の一致が訪れるのです。そのようにこの歴史は終わるのです。それを達成するためにイエスが来たのです。私たち花嫁が、イエスが愛した民が、ついに彼と一つとされるのです。この世で最も祝福される結婚式の二人でさえ、この全宇宙的な、将来訪れる現実をほのめかすわずかな兆候であり、こだまでしかありません。

イエスはまぎれもなく、旧約聖書を身にまとっています。彼の働きのすべてはこれから始まるというのに、すでに自分自身を偉大な花婿と位置づけているのですから。だからこそ、彼は結婚の祝宴に身をおいているのです。普通、結婚式について独身者はどう考えるでしょうか。結婚披露宴に出席する彼らが、夢見るような表情をしているのはなぜでしょうか。目の前にいる新郎新婦の向こうを見て、自分の時はどんな日になるだろうと想像しているのではないでしょうか。そして多分、イエスがしようとしているのはそれです。彼は自分自身の結婚の日について、無限の喜びと徹底的な恐れを同時に感じていたのではないでしょうか。再度、彼の言葉を言い換えてみましょう。「お母さん、わたしの民がわたしの腕の中に迎え入れられるために、わたしは死ななければならないのです。わたしの民が、喜びと祝祭と祝福の杯を受けるために、わたしは義と死と罰の杯を飲み干さなければならないのです」

ですからここで、イエスはどうやって私たちの喜びをもたらすつもりかという、最後の疑問への答えがようやく見えてきます。それは、彼が自分のすべてを失うことによって、です。父なる神とともにあった天国での存在から離れること、孤独で誤解を受ける人生を送ること、十字架で私たちの代わりに死ぬことによって、です。

多くの人が言います。「私、教会が苦手なんです。キリスト教の教理も、実際受け入れがたいし。地獄とか、神の怒りとか、血のあがない、とか、もろもろ信じられないけれど、でもイエスという人物はすごく好きです。彼の人々に対する愛情とか献身的なところとか、すごいと思います。みんながイエスに倣って、その教えに従ったら、この世界はもっといいところになると思います」。この考えにある欠点は、周知の事実ではありますが多くあり、また深遠です。結婚の祝宴でイエスが自分の死について考えていたなら、つまり、ほとんどいつも、彼はそのことを考えていた、ということです。彼は、まずよき見本となるために来たのではありませんでした。そうではなくて、むしろよかったと私は思うほどです。どうしてかわかりますか。彼はあまりにもいい人すぎます。あまりにも完璧すぎて、私たちが見本として見上げると、逆に地面にたたき落とされるほどです。もし誰かが彼の人格や生き方にこと細かく注意を向けて、本当に真剣に彼を人生のお手本とするなら、その人は絶望します。イエスは、はるかに私たちを超越した存在で、あなたと彼を比べると、自分の道徳的な理想像への真剣な思いは粉々にされるのです。

しかしここで見られるのは、イエスが私たちにどうしたら救われるかを教えに来たのではなく、彼自身が私たちを救うために来たということです。彼は死ぬために、自分の血を流すために、呪いと罰の杯を受けに、来たのです。私たちが祝福と愛の杯を受けられるようになるために。

このイエスの死の中心性が、福音の理解のために最も重要な洞察です。またイエスの死の意味と目的も重要です。つまり、代理、という点です。儀式用の水がめを使うことで、イエスはヘブル人への手紙が紙面を割いて解説するあることを示唆しているのです。つまり、イエスが旧約聖書全体の犠牲のシステムを完了する、ということです。幕屋も、神殿も、垂れ幕も、至聖所と呼ばれる内室などの、そのシステムの中心は、血による犠牲でした。なぜでしょう。私が罪人で、罪は罰を受けなければならないからです。何かが私の罪をあがなうのです。何かが私の代わりに死ぬのです。動物が犠牲として殺されていた何世紀もの間、疑問とされてきたのは、一匹の羊がなぜ人の代わりになれるのか、というものでしょう。しかしバプテスマのヨハネは、イエスを初めて見たとき「見よ、世の罪を取り除く神の小羊」と言いました。言い換えれば、ヨハネにはわかっていたのです。あの犠牲となってきた子羊たちには、私たちの罪を取り去ることができないということを。しかし、それらはすべて、本当に罪無く潔白な唯一の方、イエスを指し示し、またイエスこそ罪を取り去ることができることを示すのです。イエス・キリストは私たちの代わりに、私たちの罰を受けて死ぬためにこの世に来たのです。

これに対する多くの人の反応はこうです。「何ておぞましい。古代の血に飢えた神々に私たちを引き戻すつもりですか」。しかしホメーロスの『イーリアス』を見てごらんなさい。トロイアに戦争をしかけようとしたアガメムノーンは、逆風に見舞われ出征できません。それで何と自身の娘を神々に犠牲としてささげるのです。そして神々が「よくやった。それで我々のお前に対する怒りはなだめられた。今から順風を与えよう」と言うのです。聖書が言っているのは、こういうことでしょうか。

我々現代人が、イエス・キリストがこの世に来て死ぬこと、信徒たちが神の怒りから救われるよう祈ること、などと聞けば、それは単に動物をいけにえとすることを中心とした原始的な宗教の一つにすぎないと、表面的には思えるでしょう。しかし、それでは福音というものを全く誤解していることになってしまいます。もしイエス・キリストが、自身が言っているとおりの人物だとしたら――つまり、宇宙の創造主が、生きた人間として来たとしたら――、十字架にかかったのは、自分のいのちという究極的な代償を支払うためにこの地上に来た、神自身であったということになります。彼は、私たちにその代償を支払わせません。私たちの借金を肩代わりするのです。これを「神の自己代用」と呼ぶ人たちもいます。

何て不合理な、と思われますか。しかし例えば、あなたの赦しの体験について考えてみてください。誰かがあなたの家の家具を壊したとします。その人が「申し訳ありません。弁償させてください。同じものでも代わりのものでも、お支払いします」と言います。これにどう対応するか、あなたには選択肢があります。「そうですか、それはありがとうございます」と言って、弁償してもらうことができます。あるいは「いや、大丈夫ですよ。気になさらないでください」と言って、相手を赦すこともできます。しかし、たとえ相手を赦したとしても、それで済むわけではありません。その家具を自分で買いなおすとか修理する、あるいはそれが無くて不便なままで暮らさなければなりません。つまり、相手か、あなたかのどちらかが、支払わなければならないのです。壊れたものを元に戻すための費用はそのまま残っています。いつでも、誰かがそれを支払わなければならないのです。あなたが裕福なら「ご心配には及びません。弁償していただくほどのことではないですよ」と言うのも簡単でしょう。しかし、それほど経済的にゆとりがあるわけでもなく、また、その家具が先祖代々受け継がれて来た家宝だとしたら、そのように答えるのはより難しいでしょう。

心の中の問題は、さらに複雑です。仮に誰かがあなたの評判をおとしめるようなことをしたとしましょう。あなたに対して本当に不当な行為です。この場合、あなたはどうしますか。その人からあなたの悪口を聞かされた人たちのところに行って、相手の評判を同じようにおとしめることも一つでしょう。目には目を、歯には歯を、です。つまり、相手に支払わせるのです。あるいは相手を赦すこともできます。その場合、あなたが負債をその身に負うことになります。ある人たちに対しての信頼を失い、原因になった相手に仕返しすることも諦める、つまり、あなたに残されるのは苦しみです。本当の意味で相手を赦すためには、自分が負債を負わなければならないのです。

これらすべてにあって、私たちは神の性質を、ほんの少しだけですが、反映していることになるのです。聖であり、義である神は、単に私たちを見下ろして、「見てごらん、お前たちは互いの人生を傷つけ合い、私のつくった世界を、お互いを壊そうとしているが、見逃してやろう」と言うことはできません。神は負債をただ水に流すことはできませんが、だからといってあなたをそれほど愛していないということではありません。実際、その反対なのです。神はあまりにもきよいので、イエス・キリストとなって、その代償を支払うためにこの世に来なければならないほどでした。しかし同時に、あまりにも愛にあふれているので、あなたのために喜んでいのちを投げ出すほどだったのです。

さてここで、お聞きしたいことがあります。身代わりの犠牲という考えについて、何か受け入れがたいものがありますか。その本質について何か間違いがありますか。私はそうは思わないのです。誰かが誰かのために、自分にとってきわめて重要な何かを喜んで差し出すことほど、感動的なことはありません。誰かがあなたのために犠牲を払ってくれていたことを知る。それほど胸がつまるような喜びがあるでしょうか。ディケンズの『二都物語』で、シドニー・カートンとチャールズ・ダーニーは同じ女性に恋をしますが、彼女はチャールズと結婚しました。終盤でチャールズが逮捕され、地下牢に入れられ、翌日には処刑されることになっていました。妻子がいる彼のいのちは風前の灯です。チャールズの容姿とよく似ていたシドニーは、牢屋に忍び込み、かつての恋敵の気を失わせ、安全なところに移動させると、自ら彼の服を着て、翌日の処刑の身代わりになるべく地下牢に残ります。

その後、同じ囚人で、ギロチン刑を目前にしたやつれたお針子が現れます。チャールズだと思い込んでいた彼女は、彼に近づき、慰めてほしいと頼むのですが、それがチャールズではないと気づいたとき、彼女は目を見開き、こうささやきます。「彼の代わりに死ぬつもりなの？」　彼女をなだめながら、シドニーはこう言います。「彼の妻と子どものためにも、だ」。それから、慰めを求めていた彼女は、再びこう頼みます。「どなたか知りませんが、あなたの勇敢なその手を握らせていただけませんか」。その身代わりの犠牲という考えだけで、寒さに凍えた手が温められ、死を目前にした心に覚悟が与えられましたが、それは彼女のための犠牲でさえありませんでした。あなたという一人の人のためにイエス・キリストがそうしてくれた、と信じるようになるなら、あなた自身はどれほど変えられるでしょう。イエス・キリストは、その私たちのための犠牲をささげるために来たのです。彼は、そのような方法で犠牲を与えるために来たのです。身代わりの犠牲を通して、ただ単にあなたを罪悪感から解放するためではなく、最終的に、この世の終わりに、彼の腕の中にあなたを花嫁として迎え入れ、彼があなたを愛し、あなたを完全な者とするために来たのです。

ここで、実際的な考えもご紹介しましょう。第一に、私たちが神をよりよく知るのを助けようと、神が隠喩（メタファー）を選ぶたびに、私たちが神からどう見られているかについても教えてくれるということです。もし神が私たちの花婿で、そしてもし、あなたが神を信じて自分をささげるなら、神はこのうえない喜びを私たちに感じる、ということです。神は自身のイメージを示すたびに、私たち自身についても何かを伝えようとしています。バージンロードを歩いて来る花嫁が、花婿にとってどのように見えるか、わかりますか。美しいドレスと宝石を身に着けた彼女に目を向けるとき、彼の心は喜びであふれるばかりでしょう。そして、花婿は彼女にこの世界のすべてを与えたいとまで思うのです。なぜ、イエス・キリストは、このような強烈な人間の経験を呼び起こすような隠喩を使うのでしょう。彼もまた、自分の花嫁を同じように愛するということでしょうか。あなたを、彼の花嫁としてこのうえもなく喜ぶということでしょうか。まさにそうなのです。これを、一瞬ごとに意識的に実感しながら生きていくとしたら、あなたの人生はどれほど変えられることでしょうか。

実際的なもう一つの考えは、将来を見ながら、現在を取り扱うことです。私は何年も前に、エドマンド・クラウニー（訳者注・ウェストミンスター神学校校長を務めた神学者、牧師）がこの聖書箇所から説教するのを聞いたことがあります。彼は、皆がぶどう酒を飲み交わし楽しむ祝宴の最中に、イエス自身は目前に迫る死の苦さを味わうような気持ちだったのではないか、という事実を示してくれました。しかし、私たちは、そのような経験をしなくてもいいのです。クラウニー博士はそれをこのように言い表しました。「イエスは、結婚の祝宴のすべての喜びのただ中で、来るべき悲しみを少しずつ飲んでいたのです。今日、彼を信じる私やあなたが、この世界のすべての悲しみのただ中で、来るべき喜びを少しずつ飲めるように」。その来るべき喜び、子羊の祝宴のために、私たちは、はかり知れない安定を得られるのです。信仰をもって主の晩餐（聖餐式）を受けるたびに、そのすばらしい祝宴の前味を味わっているからです。今、たとえあなたが悲しみのただ中にあるとしても、来るべき喜びを、少しずつ飲んでください。あなたの心のすべての必要を本当に満たすことのできる、ただ一つの愛、ただ一つの祝宴、ただ一つのもの、すべてが、あなたを待っています。それを知っているということは、あなたがどんなものにでも直面していける何かを手に入れている、ということなのです。

第5章　最初のクリスチャン

前章では、イエスがこの間違った世界をどのように修正するかについて見ました。本章では、イエスのその働きに私たちはどのように応答するか、つまりキリストとの関係で最も基本的な問題、信仰について見ていきます。神がキリストを通して私たちに与える洞察力、慰め、才能など、そのどれもが、信仰によって私たちに与えられる、ということが聖書の主なメッセージです。しかし、キリスト教信仰には一体どんな意味があるのかについてさえ、非常に大きな混乱が存在します。このとても重要な概念をより深く理解するために、今回もまた、ヨハネの福音書に記された、イエスとある人物との出会いに焦点を当ててみたいと思います。

さて、週の初めの日に、マグダラのマリヤは、朝早くまだ暗いうちに墓に来た。そして、墓から石が取りのけてあるのを見た。それで、走って、シモン・ペテロと、イエスが愛された、もうひとりの弟子とのところに来て、言った。「だれかが墓から主を取って行きました。主をどこに置いたのか、私たちにはわかりません。」そこでペテロともうひとりの弟子は外に出て来て、墓のほうへ行った。ふたりはいっしょに走ったが、もうひとりの弟子がペテロよりも速かったので、先に墓に着いた。そして、からだをかがめてのぞき込み、亜麻布が置いてあるのを見たが、中に入らなかった。シモン・ペテロも彼に続いて来て、墓に入り、亜麻布が置いてあって、イエスの頭に巻かれていた布切れは、亜麻布といっしょにはなく、離れた所に巻かれたままになっているのを見た。そのとき、先に墓に着いたもうひとりの弟子も入って来た。そして、見て、信じた。彼らは、イエスが死人の中からよみがえらなければならないという聖書を、まだ理解していなかったのである。それで、弟子たちはまた自分のところに帰って行った。しかし、マリヤは外で墓のところにたたずんで泣いていた。そして、泣きながら、からだをかがめて墓の中をのぞき込んだ。すると、ふたりの御使いが、イエスのからだが置かれていた場所に、ひとりは頭のところに、ひとりは足のところに、白い衣をまとってすわっているのが見えた。彼らは彼女に言った。「なぜ泣いているのですか。」彼女は言った。「だれかが私の主を取って行きました。どこに置いたのか、私にはわからないのです。」彼女はこう言ってから、うしろを振り向いた。すると、イエスが立っておられるのを見た。しかし、彼女にはイエスであることがわからなかった。イエスは彼女に言われた。「なぜ泣いているのですか。だれを捜しているのですか。」彼女は、それを園の管理人だと思って言った。「あなたが、あの方を運んだのでしたら、どこに置いたのか言ってください。

そうすれば私が引き取ります。」イエスは彼女に言われた。「マリヤ。」彼女は振り向いて、ヘブル語で、「ラボニ（すなわち、先生）」とイエスに言った。イエスは彼女に言われた。「わたしにすがりついていてはいけません。わたしはまだ父のもとに上っていないからです。わたしの兄弟たちのところに行って、彼らに『わたしは、わたしの父またあなたがたの父、わたしの神またあなたがたの神のもとに上る』と告げなさい。」マグダラのマリヤは、行って、「私は主にお目にかかりました」と言い、また、主が彼女にこれらのことを話されたと弟子たちに告げた。（ヨハネ20・1〜18）

この箇所の最初の部分から、キリスト教信仰をもつとは、不可能でもあり、同時に理性的でもあることがわかります。どういうことでしょうか。どんな人でも、キリスト教信仰をもつことは不可能だ、という意味ではありません。私が言いたいのは、今現在の、不完全な私たちの道徳と霊的な感受性の状態では、キリストにある生き生きとした信仰を生み出す能力を、その内面にも持ち合わせている人は誰もいない、ということです。だから信仰は、外部からの介入、あるいは助けなしには、誰も、もちえないということです。

この箇所は、まさにそのことを示しています。自分が十字架にかかり、三日目によみがえることを、弟子たちに今まで何回も、イエス自身が語ってきたことを思い出してください。マルコの福音書では、特にそれが顕著に見られます。マルコ８章では、イエスは「人の子は……殺され、三日の後によみがえらなければならない」と、また９章では「人の子は……彼らはこれを殺す。……三日の後に、人の子はよみがえる」と言います。10章では「彼らは、人の子を……殺します。しかし、人の子は三日の後に、よみがえります」と言っています。イエスのこの主張は広く知られ、彼の反対派がそれを聞き、その墓に見張りをおいたほどでした（マタイ27・62〜66）。

そして、このような数々の警告にもかかわらず、マグダラのマリヤがイエスの墓に来たとき、墓石が取りのけてあるのを見つけたのです。すぐに戻って、これを皆に知らせます。「誰かが墓から主を取っていきました」。マリヤは、他の誰よりも、イエスが三日目によみがえることを頻繁に聞かされていたはずです。それでは、何もない墓の中を見たとき、彼女はなぜ、「ああ、イエス様はご自分がよみがえるとおっしゃっていた。それが実現するのだろうか」と言わなかったのでしょうか。そんな考えは、彼女の頭によぎることもなかったのです。

なぜ一世紀当時のユダヤ人たちが、復活は不可能だと信じ、だからイエスの死者の中からのよみがえりもありえないと思っていたか、具体的な理由は後で取り扱います。今は、むしろ少し俯瞰で見て、この物語が私たちに示すもっと大きなポイントを見てみたいと思います。つまり、人としてのキリストと、その働きを信じる信仰は、どんな人にとっても、自然に起こることではないということです。ある神学者たちは、それを「無能性」と言います。キリスト教の神学的立場の違いから、神に応答する能力が私たちにどれくらいあるのか、さまざまな見方があることはよく知られています。しかしそのどれもが、私たち自身の力のみで、イエス・キリストにある救いの信仰はもてないという点については一致しています。例えば、納得できる証拠の数々が目の前に並べられていて、語られるメッセージはこのうえもなく簡潔明瞭かもしれません。しかし、人間は本来、霊的に盲目なのです。私たちは、そもそも真理を見ることができません。真理を自分自身に結びつけることができません。この箇所が、そのいい例でしょう。神がイエス・キリストの復活を通して罪と死の力を打ち破る、という歴史上最大のあがないのわざがなされた直後に起こったことが書かれていますが、それが起こること、またその意味は、イエス自身、何か月も何年も教えてきたのです。そして、ここでマリヤは何もない墓の中をじっと見つめています。それなのに、彼女には「見えない」のです。全く事態をのみ込めないのです。そのように信仰は、神自身による超自然的な介入なくしては不可能なのです。

アメリカの傑出した哲学者トマス・ネーゲルは、数年前『最後の言葉』という本を執筆しました。それは、私たちは自分が知っていることをどうやって知るのか、という認識論を扱った本でした。自分自身を世俗的無神論者と呼ぶネーゲルは、「宗教の恐れ」ゆえに、神への信仰は人々を緊張させる、と言います。「宗教の恐れについて言うなら」と彼は書いています。「ある種の宗派や宗教団体の、不愉快な道徳的教理、社会的方針、政治的影響による、彼らに対する全く合理的な敵意のことを引き合いに出すつもりはない」。つまり、人は、教会が何を信じ、どう行動するかについて嫌悪する権利をもって当然だというのです。しかし、彼はこうも言います。「私はむしろ（私たちの中にある）何かもっと深いもの――つまり宗教への恐れそのもの――について述べている。私は経験から述べている。私自身、この恐れにさらされているからである」。ついに彼はこう締めくくります。

> 無神論が真理であってほしいが、非常に教養も知識もある私の知人の一部が信仰に篤い人たちだという事実が、私を不安にさせる。私は単に神を信じないし、当然その信念が正しいと願っているだけではない。私は、神などいないことを願うのだ！　神などいてほしくない。この宇宙は、そのような宇宙であってほしくない。この宇宙的権威に関する問題は、誰でも感じているはずだ。……神がいるかいないかについて、純粋に中立な人がいるのなら、ぜひ会ってみたいものだ。

神の存在を信じるために、感情的、心理的理由があることは明らかです。実際、多くの懐疑主義者がその議論のどこかで必ず、神を信じるとは単に叶えたい願いの強烈な表れだ、という点を主張します。しかし、私たちすべてに、神を信じないという、とてつもなく大きな感情的心理的理由があることについては、ほとんど誰も指摘しません。どうしてでしょう。聖書のような本、あるいは福音書のメッセージを見聞きし、もしそれが本当なら、自分がどう生きるかについて、もはや自分が支配できなくなることを、誰でもかなり早い時点で気づくからです。そんな主張を、一体誰が、客観的で中立的な立場だ、と言えるでしょうか。トマス・ネーゲルは、以下のようにこれを素直に認めています。彼は、「私は、神を証明する証拠を探すことについては完全に客観的、かつ中立的だが、ただ十分な証拠がないだけだ」とは言えないことを、認めているのです。一貫した誠実な人なら、本当にそう主張できるとは誰も思わないでしょう。私たちは皆、究極的な要求を私たちに突きつけることができる聖なる神、などという考えに対して、厚く重ねられた偏見をもっているのです。そして、それを認めなければ、客観性に近づくことなど到底できません。不可能です。

例えば、あなたが裁判官だとして、ある日あなた自身が株を所有する会社の事例が回ってきたとしましょう。そしてその判決がその会社の株価に大きな影響を与えるとします。あなたがその事例を担当することは許されるでしょうか、あるいは担当することをよしとしますか。もちろん、許されません。というのも、判決がある方向、つまりあなたが全財産を失う結果につながる、とわかっているなら、あなたは到底、客観的になれないからです。だから、そういう場合、自身を裁判官として職務から除外するよう、法律で定められているのです。さてここで問題が生じます。

キリスト教について言えば、私たちはまさに皆、その裁判官のような立場にあります。キリスト教の主張が正しいか、正しくないかを決断するとき、少なくとも、正しくないとする主張と自分自身との間に利益相反が生じます。しかし、ここでは自分自身を裁判官の職務から除外することはできません。できるのは、その主張を裏づける証拠を見ることだけです。だとしたら、次に、このジレンマを取り扱う方法をいくつか提案しましょう。

まず、あなたの疑いそのものを疑うことです。自分自身の懐疑に懐疑的になってみてください。なぜでしょう。あなた自身が、完全に客観的ではないことに気づくためです。例えば、あなたは信心深いご両親を嫌っているかもしれません。あるいは、言行が一致しない無神経なクリスチャンたちとの嫌な経験があったかもしれません。何より、私たちが観察してきたように、自分の自由を手放すようにという招きを、何の先入観もなく受け入れられる人は、そうそういないのです。もしかしたら、あなたはキリスト教が真理だという主張に恐れを感じているかもしれないし、そうだとしても構いません。正直に言えば、私たちには皆、そういう恐れがあるからです。自分自身が完璧に公平にはなれない、と認められなければ、証拠を公平に扱うことは決してできません。では、どうすればいいでしょうか。まず手始めに、落ち着いてゆっくり考えてみましょう。あまりにも早急に懐疑的な結論に至らないためです。また、もしキリスト教が真理だと受け入れるなら、それが十分、理性的、哲学的な原則だということだけでなく、個人的関係に入るということを理解しなければなりません。ですから、キリスト教が真理だという可能性に少しでも真剣に取り組むなら、まず祈ってみてはどうでしょうか。「神よ、あなたがいるかどうかもわかりませんが、先入観がどんなものかはわかりますし、私は今、その先入観さえ疑ってみたいと思っています。だから、あなたがもしそこにいて、私に先入観があるなら、それを乗り越えるために助けを与えてください」と、言ってみるのです。イエスに向かって、まず口火を切るのです。彼に話しかけてみてください。誰もあなたがそうしていることを知る必要はありません。もし、それさえしたいと思わないなら、私が思うに、あなたは、私たち誰もが本来もっている先入観さえ認めたくないのでしょう。

しかし、多くの人が真逆の問題を抱えています。つまり、十分な信仰をもつことに実際必要以上の不安を感じているのです。彼らは、自分の疑いについて心配しすぎています。「クリスチャンになることに興味はあるし、実際なりたいとは思いますが、そう思う動機が正しいかわかりません」とか、「クリスチャンになるために、十分な信仰が私にあるとは思えません」という意見をよく聞きます。彼らは、信仰は自分の心と理性が正しい状態にあるかどうかにかかっていると考えています。結局は、最初のグループと同じで、自分自身に頼りすぎる、という間違いに陥っているのです。この箇所が教えること、つまり外部からの助けなしに、神からの介入なしに、驚きで呆然としたマリヤを助けたようにイエスがあなたのもとに来て助けない限り、あなたが信仰をもつことはできない、ということを彼らは見落としています。考えてもみてください。マリヤは、イエスが彼女に会いに来るまで信じなかったのです。動揺し、パニックに陥り、涙を流しながら、すぐ目の前にいるイエスを見ることができなかったのです。しかし、イエスが彼女の心を落ち着かせ、確信を得させたのです。あなたも、彼の個人的な助けが必要です。だとしたら、助けを求めてみてはどうでしょう。実際に、もしあなたがイエスにある信仰を得たいと深く考えているのなら、それこそ、すでに彼があなたを導いているというしるしではないでしょうか。彼の助けなしに、私たちが心からイエスを求めることなど、そもそも私たちにはできないのです。イエスはいない、という感覚こそ、実は彼の存在のしるしかもしれません。あなたの人生にすでに彼が働いているというしるしです。マリヤのケースのように、イエスは今、あなたのすぐそばにいて、あなたが見ることができないだけかもしれません。

ですから、私たち自身で信仰を得ようとしても不可能です。そして、それでもなお、イエスはこう言います。「それは人にはできないことです。しかし、神にはどんなことでもできます」（マタイ19・26）

また、この箇所から、信仰は理性的だということも私たちは教えられます。これはとても重要な理解です。というのも、これまで議論してきたのは、信仰は単なる理性的なプロセスではない、つまり超自然的で個人的なイエス自身との出会いだということだったからです。しかし、キリスト教の信仰は理性を超えるものではありますが、決して非理性的なものではありません。つまり、私が言いたいのは、信仰は証拠を土台にしている、そして私たちの目の前に、最も重要な証拠が聖書によって示されている、ということです。

なぜマリヤとヨハネ、ペテロは墓の前で一晩中野宿しなかったのでしょう。一世紀の文化と歴史をよく知らなければ、あれほどイエスが何度も「三日目によみがえる」と言い聞かせていたにもかかわらず、その三日目に弟子たちが墓の前で意気込んで待っていなかったことに驚かされるでしょう。師であるキリストに情熱的に献身的であったマグダラのマリヤでさえ、何もない墓を見て復活が起こった可能性を考えずに逃げ帰ったのです。なぜ彼らは奇跡を見るためにその場に残らなかったのでしょう。今まで何度もイエスの奇跡を見てきたのに、それはさらに大きな奇跡を期待するほどではなかったのでしょうか。

少なくともここ百年の間、復活について書かれた中では最高の著作、N・T・ライトの『神の子の復活』を読むと、当時ユダヤ人もギリシア人もローマ人も、個人の肉体的な復活はありえないと考えていたことがわかります。ギリシア人は（そしてその後ローマ人も）、肉体を含む物質的なものはすべて弱さと悪の源であり、魂が力と善の源だと信じていました。そして救いは、魂の肉体からの解放だと考えていました。この見方では、肉体の復活は全く好ましいものとは思われなかったのです。そんなものを望む神などいるのだろうか、とさえ思われていました。

他方で、ユダヤ人は、肉体に関する具体的な見方についてはは差異がありました。物質的な世界は神のよき創造の一部であり、ユダヤ人たちは（全員ではありませんが）この世の終わりには正しい者たちの一般的な復活があると信じていました。しかし、ユダヤ人、ギリシア人、ローマ人で、神が死んだ個人を歴史の只中でよみがえらせるなどと信じた人はいませんでした。さらにユダヤ人は、一人の人間が神の子として礼拝されるべき存在になれるとは、絶対に信じませんでした。一生を通して、人間は神になることなどできないと教えられていたのです。ユダヤ人は、神については、全く超越した存在であるという見方をもっていました。これらの事実から、なぜ一世紀のユダヤ人がイエスの復活という考えを単純に受け入れることができなかったのか、おわかりでしょう。イエスが、いつも語っていたにもかかわらず、それは、彼らには信じるどころか、願うことさえ畏れ多い考えだったのです。

私たち現代人は、古代の人々は迷信深かったと考えますし、実際かなりそうだったと言えます。彼らは、私たちが現代では信じないような、あらゆる種類の魔法、奇跡、超自然的存在、力を信じていました。だから私たちは、イエスの信者たちは、その復活の主張をすっかり信じ込んでいたのだろうと思いがちです。だから彼らは復活を熱心に期待しており、誰かがイエスを目撃したと主張しようものなら、それがいかに頼りないものでも、何千もの人が真に受けて、すぐに復活を宣教すべき真理として受け入れたに違いないと考えるのです。

しかし、この仮説は、全くの間違いです。復活についての福音書の記事は、弟子たちが復活を全く期待していなかったことを示しています。皮肉なことに、弟子たちは現代人と同じように懐疑的でした。彼らは、私たちが求めるのと同じような、イエスが本当に生き返ったと納得できるような、実際の目撃証言の数々、目撃者の経験談を求めていました。その点で、この物語は、当時の文化について歴史的に知られている内容に、見事なほど適合するのです。N・T・ライトは、当時の文化では、現代人とは異なり、一般的な奇跡は起こりうると考える一方で、復活については、ほとんどの現代人にとってそうであるように、信じがたく想像しがたいと考えていたことについて、かなりの紙面を割いています。

ここで読者の皆さんに、ある質問をさせてください。例えば、典型的な現代人として、実際に死んで致命傷がまだ目に見える状態の人が肉体的に復活するという世界観は、単純に言って不可能です。しかしここで、そのあなたの疑いを打ち砕くために、この復活についてのあなたの推論を粉々にするために、あなたが必要とする証拠とはどんなものでしょうか。イエス・キリストが、死からよみがえった神の子であると、あなたが信じるためには、どんな証拠が必要でしょうか。その証拠が何であれ、あなたは、当時の人たちは、何かそのような証拠をもっていたはずだ、という合理的な結論に至ります。それならば、彼らを納得させ、信仰を得させたその証拠は、あなた自身をも納得させるのに十分な証拠だとは言えないでしょうか。

あるいは、あなたがすでにクリスチャンなら、その信仰がますます強められることでしょう。私自身約十年前に甲状腺癌と診断されたときに、そのような経験をしました。今はすっかり回復しましたが、この先どうなるのかわからない癌の影の中で生活するのは、衝撃的な経験です。ある日、癌だと診断され、多分回復できると言われても、人生の目的について考えざるをえません。治療中、一か月間何もせず、どこにも行かなかった期間がありました。放射性ヨードが体内にあったので、実際私は物理的に隔離されなければならなかったのですが、過去三十年で初めて（そしてたぶん最後でしょうが）することが何もありませんでした。というわけで、N・T・ライトの八百九十ページにも及ぶ大作を、脚注を含めて読了したのです。そしてそれは、まさに目から鱗が落ちる経験でした。

もちろん、復活についてはそれまでも信じていました。人生をかけて、それを十台に全力疾走してきたのですから。そして、もちろん常にイエスの人生、死、復活を具体的に想像してきました。しかし、驚いたのは、整然と並べられた証拠の数々が、私の信仰をさらに深めた、ということです。以前も私は信じていました。しかし、今はそれよりも、もっと信じたのです。最近では、信仰というものを、論理的思考や証拠に反比例して捉えるように、つまり、事実と確証をより多く得れば得るほど、信仰をもつ必要性は低くなる、と教えられます。しかし、それはキリスト教信仰ではありません。信仰は、真理ではないものに希望をおくことではありません。むしろ、見えないものにもつ確信なのです。だからこそ有無を言わさないような証拠、そして合理性を保証する証拠が、キリスト教信仰を支える大きな柱の一つなのです。

この箇所には、これらの復活の記事が作り話ではないと言える、もう一つの重要な証拠が見られます。最初の目撃者は誰だったでしょう。福音書記者ヨハネは、復活したイエス・キリストに初めて会ったのは、マグダラのマリヤ、女性だったことを記しています。そして、当時のユダヤ社会やローマ法廷では、女性が証言することはできなかった、というのが聖書学者、歴史学者の共通の見解です。当時の家長制度では、女性の証言は信用できない、だから証拠として承認しがたいと見られていました。つまり、もし、ある宗教や運動を広めたいがために復活の記事をでっち上げるとしたら、女性を最初の目撃者にすることはありえないのです。にもかかわらず、マタイ、マルコ、ルカ、ヨハネ、どの記事でも復活の最初の目撃者は女性です。なぜ、そもそも女性たちが記事に記されているかについて、唯一歴史的に最も納得のいく理由は、つまり証言を記した男性が、なぜわざわざ信用できないと思われてしまう女性を目撃者として登場させたかは、それが実際に起こったからにほかならないでしょう。マリヤは、実際にそこにいた、としか考えられないのです。彼女は本当にイエス・キリストを最初に見たのです。それ以外、彼女はそこにいた、と記者が書く理由、動機がありません。

また信仰には、深い理性的な要素があります。「シモン・ペテロも彼に続いて来て、墓に入り、亜麻布が置いてあって、イエスの頭に巻かれていた布切れは、亜麻布といっしょにはなく、離れた所に巻かれたままになっているのを見た」（ヨハネ20・６〜７）と書かれていることに注目してください。「見た」という単語は、ギリシア語のブレポーで、単に「見る」だけでなく、「考える」「熟考する」「考えをまとめる」という意味があります。

墓に入ってきたペテロはおそらくこう考えたのでしょう。「もしイエス様がよみがえり起き上がったのなら、亜麻布は引き裂かれているか、ほどかれているはずだ。でももし誰か親しい人が遺体を取り去ったなら、一体なぜ布をはぎとって裸にして遺体を辱めるようなことをするのだろう。亜麻布でくるまれたままで持って行くのが妥当だろう。もし敵がしたなら、なぜわざわざ、布をきちんと巻いておいたりしたのだろう」。一生懸命考え、証拠を探し、考えられるすべての仮説を試したでしょう。

ですから、信仰は理性的なだけではありません。理性だけで本当の信仰にたどり着くことはできませんが、しかし、信仰は非理性的なものでもありません。理性なくしては本当の信仰は得られません。なぜなら成熟した信仰は全人格的な活動であり、あなたの意志や感情だけでなく、そこに知性も関わる必要があるからです。私たちが生きている現代は、以下のように言うのが大好きな人たちがいます。「本当のところ、客観的な真理などない。あなたがキリスト教を信じたい、あるいは何かを信じたくて、それがあなたにとって適切で、満足できるものなら、それが本当にあったことかどうか悩む必要はない。それがあなたにとって満足できるなら、信じてもいい」

しかし情熱的な信念は、必ずしも正しいとは言いきれません。情熱的に心から自分たちが他の人種より優れていて、自分たちこそ世界を支配するのが最善だと信じた人たちも、かつてはいるのです。彼らの信仰が正しいと言えないのは、なぜでしょう。私たちは心の奥底で、真理と呼べるものがあることを知っているからです。人々が正しいと考えていることも間違っていることがあり、間違っていると考えていることも正しいことがあることを、私たちは知っているのです。

ですから、本当のキリスト教なら「これを信じるのは妥当だ」、とか「心に訴えるものがあるなら信じよ」、とは言わないのです。キリスト教は、それから免れることなど、あなたにさせないのです。むしろ、「心が躍る、役に立つ、妥当だ、などという理由でキリスト教を信じるな。それが真理だから、信じよ。もし真理でないのなら、結局は、実用的でも妥当でもないからだ」と言うのです。キリスト教を、ただ妥当で、心が躍るから（確かにそうですが！）だけでなく、真理でもあるから信じるのでなければ、あなたは、将来の苦難や疑問に本当に向き合うことはできません。

ですから、キリストを信じる信仰は、不可能であり、また理性的でもあるのです。ここでもう一つ、学ぶべきことがあります。信仰は、恵みにより、また恵みのうちに与えられる、という点です。どこから見ても、信仰は恵みに満ちています。その理由を説明しましょう。

しかし、マリヤは外で墓のところにたたずんで泣いていた。そして、泣きながら、からだをかがめて墓の中をのぞき込んだ。すると、ふたりの御使いが、イエスのからだが置かれていた場所に、ひとりは頭のところに、ひとりは足のところに、白い衣をまとってすわっているのが見えた。彼らは彼女に言った。「なぜ泣いているのですか。」彼女は言った。「だれかが私の主を取って行きました。どこに置いたのか、私にはわからないのです。」彼女はこう言ってから、うしろを振り向いた。すると、イエスが立っておられるのを見た。しかし、彼女にはイエスであることがわからなかった。イエスは彼女に言われた。「なぜ泣いているのですか。だれを捜しているのですか。」彼女は、それを園の管理人だと思って言った。「あなたが、あの方を運んだのでしたら、どこに置いたのか言ってください。そうすれば私が引き取ります。」イエスは彼女に言われた。「マリヤ。」彼女は振り向いて、ヘブル語で、「ラボニ（すなわち、先生）」とイエスに言った。イエスは彼女に言われた。「わたしにすがりついていてはいけません。わたしはまだ父のもとに上っていないからです。わたしの兄弟たちのところに行って、彼らに『わたしは、わたしの父またあなたがたの父、わたしの神またあなたがたの神のもとに上る』と告げなさい。」マグダラのマリヤは、行って、「私は主にお目にかかりました」と言い、また、主が彼女にこれらのことを話されたと弟子たちに告げた。（ヨハネ

20・11〜18）説話形式ですが、ここには、おそらく新約聖書の中心的なメッセージが記されています。

最初に、このやり取りの中に、驚くべき柔らかさがあるのがわかります。旧約聖書には、神が、はなはだしく神に逆らい神から離れた民に、恐怖にうちひしがれるような宣言ではなく、優しく深い質問をもって対決する場面が何箇所か見られます。神は、エデンの園で、不従順なアダムとエバに「どこにいるのだ」「なぜ恥を感じるようになったのか」、と質問します。反抗的な預言者ヨナに、「お前には怒る資格があるのか」と問いかけます。人にどう生きるべきかを単に語るだけでは不十分なことを、心理カウンセラーは知っています。質問することは、相手が自分の欠けに気づき、真理を見いだし、心からそれを愛《いと》おしむことができるよう助けます。イエスの質問は、そのような種類の質問なのです。「なぜ泣いているのですか」は、実は、マリヤに目を覚ますよう、優しくたしなめるような質問です。「あなたが探しているのは誰ですか」は、聖書注解者D・A・カーソンが言うように、「彼女の地平線を広げ、キリストへの彼女の献身は深いものではあったが、それでもキリストへの評価がまだずっと低かったことに気づかせる」ための鋭い指摘です。[14]

しかしながら、マリヤがその言葉を誤解するのに注目してください。彼女はイエスのことを、その遺体がどこに運ばれたかを知っているかもしれない園の管理人だろうと思ったのです。それでイエスは、彼女の心にもう一歩深く踏み込みます。しかもほんの一言で。この福音書の前半で、イエスは自分を「良い羊飼い」だとし、「羊をその名で呼んで」、「羊は、彼の声を知っている」（ヨハネ10・3〜4）と言っています。ここで、イエスはそのように、単に「マリヤ」と呼んだのです。本当の信仰とは、いつでも個人的なものです。もし、あなたが、イエスは、一般的に人々の罪が赦されるために死んだのだと信じ、あなた自身のために死んだことを信じないなら、信仰をもってイエスにすがっている、とは言えません。彼があなたの名を呼ぶ声をまだ聞いていません。

イエスの恵み深さは、はっきりとしています。マリヤは取り乱し、（彼がほのめかしているように）全く違うイエス、つまり死んだイエスを捜し回ろうとするのです。本当の偉大なイエスとは根本的に違う姿を捜し求めるのです。ということは、彼のほうから捜してくれなければ、彼女はイエスを決して見つけられなかったのです。彼は彼女に歩み寄り、優しくその心に働きかけ、個人的に呼ぶことで、彼女の前に現れ出たのです。彼女の信仰は、恵みによって与えられたのです。彼女が勝ち得たものではありません。

しかしここで私たちは、恵みと信仰の関係について、さらにもっと気づかされます。イエスが生きているとわかったとき、そのマリヤにイエスは、「私の兄弟のところに行って、こう言いなさい」と言うのです。ある意味で、彼女は最初のクリスチャンになりました。なぜでしょうか。そもそも、クリスチャンとは何でしょうか。クリスチャンは、イエスが死に、よみがえったことを信じます。クリスチャンには、よみがえったそのキリストとの出会いがあります。この瞬間、マリヤは、それらがあてはまる世界で唯一の人でした。

偶然でしょうか。私にはそうは思えません。イエスなら、最初の使者を誰にしようか簡単に決められたはずです。イエスが彼女を選んだのです。つまり、イエス・キリストが、わざわざ男性ではなく女性を、共同体の中心人物ではなく精神を病んでいたこともある回心者を、リーダーの一人ではなく支援者の一人を、一人目のクリスチャンとして選んだのです。これほど明確なことはありません。イエスは、こう言うのです。「あなたが誰か、何をしたかは関係ない。わたしの救いは家系や道徳的言動、生まれながらの才能、努力の度合い、業績を条件としない。強い人のためではなく、弱い人を呼ぶためにわたしは来た。そして、わたしはあなたたちの師であるよりも前に、何よりもあなたの救い主だ。あなたの働きではなく、わたしの働きによってあなたを救いに、わたしは来たのだ」。このことがわかる瞬間、自分自身をマグダラのマリヤの立場において考えることができた瞬間、あなたの中で何かが永遠に変わります。そして、あなたは、この一人目のクリスチャンの後に続く者になります。

つまり、この箇所は、恵みが私たちの信仰の**理由**であるだけでなく、**中身**でもあることを、私たちに教えているのです。イエスが偉大な教師で、あなたを助けてくれること、また、あなたの祈りを聞いてくれることを信じ、イエスの教えを道徳的基準としてそれに従っているとしても、あなたはまだクリスチャンとは言えません。それは一般的な信仰であって、救いをもたらす信仰ではありません。本当のキリスト教信仰とは、私たちが一方的な恵みによって神に受け入れられるために、イエスがその死と復活をもって私たちを救った、と信じる信仰です。それが福音《ゴスペル》です。福音とは、恵みを通して、キリストの働きにより、私たちは救われる、というよい知らせなのです。

マルチン・ルターは自身の回心の経験を書き記しています。修道士で、聖書の研究者だった彼は、それをこのように説明しています。

〔福音〕において神の義は明らかにされている〔ローマ1・17〕。……「神の義」という言葉が私は大嫌いだった。……非難されることの無い修道士ではあったが、私は神の前にいる自分を、非常に良心が揺り動かされている罪人だと感じていた。私の償いによって神がなだめられることなど、信じられなかった。……そこで、私は、神の義とは、神の贈り物によって与えられる義であり、それが言うなれば信仰だと気づき始めた。……こうして私は完全に生まれ変わり、開かれた門からパラダイスに入ったように感じた。[15]

こうしてルターは、救いが自分の業績を見た神から与えられるものではなく、神の業績によって自分が受け入れられ救われる、と理解するようになりました。彼はこう言っています。「そうわかった瞬間、私は生まれ変わり、開かれた門からパラダイスに入ったように感じた」

信仰は、神から与えられる贈り物なのです。熟慮と証拠を土台として、神の奇跡的な介入によって活性化され、私たちが神の家族に養子として受け入れられるために、イエスが必要なすべてを達成してくれたという革新的な発見の上に成り立っています。そしてそれらすべてが、ただ一方的な神からの恵みによるものなのです。本当にそれだけでしょうか。私たちはただ座って、この神の愛を知って、充足し変えられていくだけでしょうか。いいえ、私たちは、残りの人生すべてを通して、その恵みの愛を味わい、経験し、それにより形作られていきます。この箇所の最後は、私たちにじれったいヒントと、その経験がどんなものかについて示しています。

イエスはマリヤにこう言います。「わたしにすがりついていてはいけません。わたしはまだ父のもとに上っていないからです」。ここで少々戸惑いを感じさせられるのは、その後イエスがトマスに出会うと彼には自身を触らせているからです。マタイの福音書の最後で女性たちに会うときにも、同様です。彼女たちはイエスの足を抱いてイエスを拝んだ、とあります。それならば、なぜマリヤには、このような言葉を言ったのでしょう。興奮したマリヤが、よみがえったイエスを愛おしみ、しがみついて「一度は失ったと思ったあなたを、もう二度と行かせません」と言わんばかりだったことは十分に考えられます。もしそうだったとすれば、イエスがそれを受けて、実際には「そんなにきつくしがみつく必要はないよ。わたしは天に上るのだから」ということになります。どういう意味でしょうか。多くの注解者の意見で私も正しいと思うのは、イエスがこういう意味で言ったという解釈です。つまり「マリヤ、わたしが上って父の右の座に着いたら、もう二度とあなたを離さないよ。聖霊を送るから、その聖霊を通して、あなたはわたしの存在を、平和を、愛を、昼も夜も実感することができるのだから」。何という約束でしょうか！　本当の信仰は、あなたをキリストに結びつけますが、単にあなたを罪の罰から救うだけでなく、キリストとの現在進行形の愛の関係にも結びつけるのです。

最後にもう一つ、この箇所から信仰について学ぶ助けを見てみましょう。同じ方法で信仰に導かれる人は、誰一人としていない、ということです。この章を全部読んでみても、ヨハネ、ペテロ、マリヤ、そしてトマス（20章の後半でイエスと会う）は皆、イエスから違うアプローチをされています。それぞれ必要な時間が違います。必要な経験や証拠が違います。それぞれが違う軌道、違う道をたどります。ですから、あなたが気をつけないといけないのは、信仰をもった友人を見て、「あの人がそうやってイエスと出会ったのなら、自分もそういう劇的な出会いを経験しないといけないのだろうな」と決めつけることです。あるいは、あなた自身がその友人なら、他の人いが皆、自分と同じような道をたどって信仰をもたないといけない、などと思い込んではいけないのです。あなたは、自分が罪人であることを認めなければなりません。キリストがあなたの代わりに死んだことを信じなければなりません。自分の善行ではなく、キリストの働きに拠り頼まなければなりません。彼が救いのわざを完了したことに感謝し、人生を彼に預けなければなりません。しかし、このような信仰に至るプロセスは、いくつもあるのです。

私はよく思います。マグダラのマリヤがよみがえったイエスの口からその名を呼ばれたとき、まるで作家アニー・ディラードの言葉のように感じたのではないか、と。「私は今までの人生で、ずっと鈴だった。だけど、持ち上げられて鳴らされるまで、そうだとは、全く気づかなかった」

第6章　大いなる敵

この本の前半の五章では、新約聖書、ヨハネの福音書のイエスの生き方を通して、人生の大きな疑問をいくつか取り扱ってきました。当時普通に生きていた人たちがイエスに出会うという記事から、それまでの人生がその出会いによって、永遠に、そして根底から覆されたような人たちを見てきました。

それでは、現代に生きる私たちは、どうやってイエスと出会うことができるのでしょう。これまで扱ってきたどのケースでも繰り返し描かれているのは、そもそもイエスは、人生のよき模範として現れたわけではないということです。イエスは、人生の疑問に対して、「こう生きるべきだ」と示しに来たのではありません。ましてや、本来そういった疑問に答えてくれる教師でもありません。むしろ、彼は、救い主として、この世界に来ました。大きな疑問に対する答えそのものとして現れたのです。それは、私たちがどんなに願ってもできないことを、私たちのために達成するためでした。

人生が一変されるような劇的な経験を望むなら、私たち自身もまた、救い主である彼に出会う必要があります。それには、私たちのためにイエスが一体何をしたのかに注目しなければならないのです。イエスの人生に起こる主な出来事を通して見えるのは、彼がどのように私たちの救い主と言えるのかということです。そういうわけで、この本の後半の五章では、新約聖書の福音書に記されている、イエスの人生での重要な出来事について、いくつか取り上げ、見ていくことにします。

ここで、イエスの人生の最も有名な三つの出来事、誕生、死、復活について、これまでなぜ触れてこなかったのか、不思議に思われた読者もいることでしょう。どれも一般的によく知られている出来事ですし、その意味もより身近でわかりやすく受け止めやすいのではないかと思われます。例えば、人として生まれること〔キリストの受肉〕がなければ、人としてのイエスが私たちの罪を担い、代わりに罰を受ける、ということもありえませんでした。十字架は、罪過の結果、免罪の証しでもあります。復活は、最終的には死に勝利するというしるしで、最終的には新しい身体を得られる、ということを意味しています。イエスの人生における、こういった、偉大で奇跡的な出来事は確かに重要で、前半でもある程度は取り扱いました。そこで後半では、イエスが私たちを救うために何をしたかについて、これまであまり知られてこなかった出来事にも注目しながら、より深く見ていきたいと思います。具体的には、私たちのために悪魔に打ち勝つ〔第6章〕、私たちのためにとりなす〔第7章〕、私たちのために完全に従う〔第8章〕、私たちの王となるために地上を去る〔第9章〕そして、天国を離れ、私たちのために死ぬ〔第10章〕、です。

それでは、まずイエスが、どのように歴史上に現れたかを見ていきましょう。歴史上、最も世界を変えたとも言える働きに取りかかる準備として、イエスには二つの出来事が立て続けに起こっています。四つのうち三つの福音書には、その出来事、つまり、イエスのバプテスマ〔受洗〕と荒野での悪魔からの誘惑は、続けて記されています。そして私は、それには意味があると思うのです。

マタイ3、4章からの記述です。


さて、イエスは、ヨハネからバプテスマを受けるために、ガリラヤからヨルダンにお着きになり、ヨハネのところに来られた。しかし、ヨハネはイエスにそうさせまいとして、言った。「私こそ、あなたからバプテスマを受けるはずですのに、あなたが、私のところにおいでになるのですか。」ところが、イエスは答えて言われた。「今はそうさせてもらいたい。このようにして、すべての正しいことを実行するのは、わたしたちにふさわしいのです。」そこで、ヨハネは承知した。こうして、イエスはバプテスマを受けて、すぐに水から上がられた。すると、天が開け、神の御霊が鳩のように下って、自分の上に来られるのをご覧になった。また、天からこう告げる声が聞こえた。「これは、わたしの愛する子、わたしはこれを喜ぶ。」さて、イエスは、悪魔の試みを受けるため、御霊に導かれて荒野に上って行かれた。そして、四十日四十夜断食したあとで、空腹を覚えられた。すると、試みる者が近づいて来て言った。「あなたが神の子なら、この石がパンになるように、命じなさい。」イエスは答えて言われた。「『人はパンだけで生きるのではなく、神の口から出る一つ一つのことばによる』と書いてある。」すると、悪魔はイエスを聖なる都に連れて行き、神殿の頂に立たせて、言った。「あなたが神の子なら、下に身を投げてみなさい。『神は御使いたちに命じて、その手にあなたをささえさせ、あなたの足が石に打ち当たることのないようにされる』と書いてありますから。」イエスは言われた。「『あなたの神である主を試みてはならない』とも書いてある。」今度は悪魔は、イエスを非常に高い山に連れて行き、この世のすべての国々とその栄華を見せて、言った。「もしひれ伏して私を拝むなら、これを全部あなたに差し上げましょう。」イエスは言われた。「引き下がれ、サタン。『あなたの神である主を拝み、主にだけ仕えよ』と書いてある。」すると悪魔はイエスを離れて行き、見よ、御使いたちが近づいて来て仕えた。（マタイ3・13〜4・11）

十字架を除けば、イエスの人生での出来事のうち四つの福音書すべてに記述されているのはバプテスマだけです。つまり非常に重要な出来事です。しかし、ここ、マタイの福音書でだけ、誘惑の場面の前後が詳細に描かれています。そしてバプテスマと誘惑が「さて」という一言で、しっかりと連結されていることに注目してください。神は力強く、自信をもって語ります。「これは、わたしの愛する子、わたしはこれを喜ぶ」。さて、イエスは、悪魔の試みを受けるため、御霊に導かれて荒野に上って行きました。ここの「さて」とは、「そういうわけで」とも言えます。大きな祝福と成功ののちに、試練と誘惑が来たのです。

成功、喜び、祝福をいつまでも持続できる人は、滅多にいません。どんなに努力しても、どんなに注意深く行動しても、どんなにうまくいっているように見えても、何かが起こってその状況を台無しにするのです。才能豊かで、勤勉で、博識な人であっても、人生のうねりから逃れることはできません。「それなら」と、言う人がいるかもしれません。「私たちの側でできることを精一杯するとしたらどうですか。人生をよいものにしようと努力し、神に従い、すべての苦しみや困難から守ってくれるように、神に日々祈り求めるとしたら？」と。それに私は、「いいでしょう、やってごらんなさい」、と答えます。あなたが仮に、すべての欠点を克服できたとしたら？実際、あなたが完璧な知恵をもち合わせ、神の道、人間の心、時期や時代を理解でき、いつでもそのような中で賢明な決断をしていけるとしたら？　ゆらぐことなく、神への信仰をもち続けられるとしたら？　あなたの人生が完璧で、神の前に文句なしだとしたら？　もしそうなら、もちろん、あなた自身の聖《きよ》さ、聡明さと同じくらい、神があなたを守り、あなたは、いつでも問題のない人生を送ることができる……のでしょうね？

それは違います。というのも、そのように生きた人が、まさにここにいるからです。父なる神は、イエスの存在をこのうえもなく喜ぶと言ったばかりです。すると神の聖霊がその上に下り、彼を導きました。それからどうなったでしょう。彼は神に愛され、認められ、力づけられました。そして、さて……「さて」です！　そういうわけで、彼は悪魔の手中に導かれていったのです。神の愛、力、そして、悪魔、誘惑、荒野、ひどい飢えと渇き、と続くのです。ここでの「さて」という短い言葉のもつ効果には驚かされます。まるでマタイが、「よく注意して聞け。試練や苦難を避けて通れる人など、誰もいない。逆にそれらは、神がこのうえなく愛している人たちが、しばしば経験することだ。私たちをもっとすばらしい者へと成長させるための、神の不思議なよき計画の一部なのだから」と言っているかのようです。

ここから、例えばヨブ記の主人公ヨブに対する友人たちの間違いがわかります。ヨブ記は、模範的で文句のつけようのない人生を送っていた主人公に、次々と不幸が訪れる姿が描かれています。ヨブは家族と財産の大半を失い、そして健康をも損ないます。いわば、荒野に送られたようなものでした。ヨブの友人たちは、彼を見舞い、状況を見て、要するにこう言います。「いいかい、ヨブ。我々の人生は、我々の選択の結果だ。きよく正しい生き方を選択していれば、結果も伴ったはずだ。神が君を愛しているなら、こんなことを起こすはずがないのだから。神は、君の選んだ道を、そして君自身を、叱責しているに違いない」

多くの、いや、ほとんどの人が同感する考えでしょう。中流階級の人たちが貧困層を見て、彼らが貧しいのは十分に働いていないからだと考えます。健全な家庭環境にいる人が、葛藤を抱え機能不全に陥っている家族を見て、十分にケアされなかった結果だと考えます。私たちが平穏無事にいるときには、つい心の中で、それは自分の行いの結果だと考えやすいのです。運でも恵みでもない、私たちが賢明に生きているからだという考えです。違いますか。しかしマタイ3章では、歴史上、本当によい、いや完全な人生を生き、神の愛を受けるにふさわしかった一人の人を見ることができます。実際に苦しみや不自由を免除される権利を獲得した人です。しかし、その人生は悲惨な道をたどるのです！　そしてこの誘惑の場面はその出発点、第一ラウンドでしかありません。これからさらに確実に、拒絶され、命の危険にさらされ、裏切り、貧困、嘆き、喪失、拷問、そしてついには死へと続く道を踏み出したのです。ここから、イエスにとってすべてが、悪い方向に動き出しました。

ここからわかることは何でしょうか。一つは、この世界の権力、複雑さ、手に負えない悪です。一般的に、この世界は物質的なもののみで作られていると考えられています。魂や霊、悪魔や天使の存在は認められません。すべてが自然科学的に説明されるのです。この見方では、この世界で悪（もしそのようなものがあればですが）に対抗する手段は、無学の人に教育を与え、社会システムを変え、よりよい心理療法や薬物療法を施すことです。しかし、前世紀から現代にかけて幾度も、欧米の思想家たちは、この世界の人間の心に巣食う悪の力の深さと強さに驚愕を覚えさせられたのです。コロンビア大学教授のアンドリュー・デルバンコは、その著書『悪魔の死――アメリカは悪という感覚をどう失ったか』でこう書いています。「我々の文化には、悪の可視化と対処法との間に、大きな隔たりがある」

しかし聖書はその隔たりに橋をかけ、私たちが時代の流れの中で個人的に経験し、目の当たりにするすべてのことを説明します。聖書は、悪を科学では説明しきれない、もっと多次元的な、つかみどころのない複雑な存在だと説明します。聖書は、組織の不正と個人の無知、心身の不安定のほかに、霊的な悪の力がこの世界に本当に存在する、と主張するのです。そしてそれらすべての背景に、並外れて超自然的な知的存在がいるのです。欧米社会では、聖書が提示する、この悪の特質をほとんど拒絶してきたために、その結果私たちは、ヨブの友人たちのように、私たちの世界における悪の力を、常に過小評価、そして時に誤診してきたのです。例えば、私たちは心のどこか奥深くで、もし正しい生き方をするなら人生はうまくいく、という単純な考えにしがみついています。しかし、もし悪魔的な力が存在するなら、真の正しさや敬虔自体に悪が刺激され、真の正しさに攻撃を加えてくるだろうと予想できます。それこそ、ここで私たちが見ている、バプテスマと誘惑の記事に見られることです。

（道徳的に正しく生きればよい人生を送れる、と信じるのは、私たちのための神の目的に対する、あまりにも単純すぎる理解でもあります。神は無限の知恵をもち、初めから終わりまでを見通すことができ、荒野のはるか彼方に隠されている、私たちが生きるためのよい目的をもっています。[17] 苦難の中でのヨブの忍耐が、何億という人々に模範となったように、また、イエスへの誘惑が、歴史を変え、世界を救う働きの準備となったように、神の聖霊は私たちを、よい目的のためにあえて荒野に導くのです）

というわけで、私たちは常に世界の悪の手強さに衝撃を受けています。それは一つには、私たち現代人が聖書を「原始的」と捉え、その現実についての解説を受け止めようとしないことから来ています。しかし、もし聖書が正しければ、また、このような悪が存在するなら、そこから学ばない手はないでしょう。私たちの日常における悪との超自然的な出会いについて、聖書は戦闘用語を使います。どこから攻撃が来るかを知らないと、あるいはもし敵を過小評価するとか、敵の性質を把握していなければ、勝算はほぼありません。そして、敵が誰で、どこから来るのかわかったら、圧倒されずに対処するにはどうすればいいのでしょうか。マタイ3章が示すことを考えてみましょう。真の悪に直面するときに必要なのは、以下の三つの質問に対する答えです。敵は誰か。どこが戦場か。この戦いに対する一番の守備力は何か、です。

まず、敵は誰か。これまで述べてきたように、聖書は悪を複雑で広範囲に及ぶものと捉えます。単に、人間の選択、社会システム、心理学的問題、あるいは教育の欠如に、その原因を限定するわけにはいきません。実際のところ、これらすべてを合わせても、悪の全体像を突き止めることはできません。また、歴史上、大混乱を引き起こした、いわゆるスケープゴート的な見方をとることもできません。つまり悪とは主に、あのような人たちが引き起こしたのだ、という見方です。「あのような人たち」とは、ある決まった人種、階級、国家、宗教、政治的イデオロギーかもしれません。聖書は、悪が自然でまた超自然的でもある、私たちの中にも外にも、個人的にも社会的にも蔓延するものでもある、と言います。悪から完全に離れることも、あるいは悪の根を突き止めることも、私たち人間の理解では不可能です。

歴史的には、悪の性質について聖書に対抗した説明が主に二つあります。一つは、この世界の悪と善には、同等かつ対極の力があるとする「二元論」です。現実とは、根本的にこの二つの力の間にある衝突によって展開し、この世の終わりまで、あるいは永遠に、その戦いが続いているという見方です。つまり、どちらかの勝利は全くありえないということです。この見方では、神は、悪魔に対して、特に大きな力をもっていません。アウグスティヌスは、『神の国』で、異教（多神教）は二元論だと指摘します。どの異教も、よい神、悪い神がいて、よい力、悪い力が存在すると言います。つまり、世界は根本的に、そして手の施しようがないほど暴力的な場所であって、秩序、美、希望を与える場所ではないのです。複数の権力集団から成り立っていますが、相互間の戦いが終わることがありません。もしかしたら平和と秩序の孤島を作ることもできるかもしれませんが、それもいずれ、ほかのものに侵略されるでしょう。このような戦いを最終的に解決し、恒久的な平和をもたらす方法を見つけることなど不可能なのです。

悪に対するもう一つのアプローチは「一元論」、あるいは汎神論と呼ばれるものです。これは、前者の対極にあり、すべての現実は一つだと主張します。すべては神の一部で、神がすべてだとする見方です。したがって、すべてのものは究極的に他のすべてのものと一つです。この見方だと、個人という存在は、幻想のような何かとして見られます。深いところで、私たちは皆つながっている、人類として共有する経験でつながっているだけでなく、最終的には、皆同じ一つの存在になる、あいまいな存在なのだと言います。C・S・ルイスは『キリスト教の精髄』で、癌で死ぬ人や飢餓で死ぬ人を「ただひたすら神の視点から見るなら、これも神だということが理解できる」とする汎神論の主張を説明しています。悪と苦しみは、二元論とは違い、永遠ではなく、解決できないものでもない、ということになります。というよりも、そもそも実際には存在しないとみなされます。だから、幻想だと言えるわけです。

現代の世俗社会には、悪に対する考え方をこの二つの対極の見方から、断片的に都合よく借りてきているという、興味深い現象が見られます。ある意味、世俗主義は古代の多神教のようです。世界を一つの力強い芸術家によって創造されたものとしてではなく、暴力的で抑制の効かない威力の産物として見るからです。この世界は、延々と続く爆発や燃焼の結果創造される物質的な宇宙というだけでなく、私たち自身も進化論の弱肉強食の産物なのです。このような世界観をとると、暴力は解決できません。むしろすべての現実に織り込まれているのです。今私たちがここにいるのは、暴力と目的のない手段（偶然）によってであって、これからもそのように存在し、進化していくのです。同時に多くの世俗主義者は、人間悪を社会システムの欠陥か、心理学的問題が原因だと考えます。十九世紀から、世俗主義哲学者によって考えられてきたのは、例えば連続殺人鬼が生まれるのは、親の育て方が悪い、貧困、何かの欠陥が原因だというものでした。そもそも人間は生まれつき悪ではないのだから、育つ過程に何かが起こって人を殺すような結果になったのだろう、と考えるのです。もっと最近の世俗的見方は、相対主義的です。ある文化的視点から見る悪は、ほかの視点から見るとそうではないという見方です。ある人にとってテロリストでも、他の人にとっては、自由のために戦う戦士なのです。つまり悪とは、それぞれの視点によって異なるのです。だから違う見方から見ると、悪が悪でなくなる、つまり幻想だ、ということになります。

前述したデルバンコの『悪魔の死――アメリカは悪という感覚をどう失ったか』では、トマス・ハリスの小説『羊たちの沈黙』からの引用があります。連続殺人犯ハンニバル・レクター博士がスターリング捜査官に話す場面です。自分のした悪事を話す彼に、彼女はこう言います。「なぜあなたはここにいるのか。何があなたに起きたのか」。すると彼は彼女にこう言います。

「わたしに何かが起きたわけじゃない。スターリング捜査官。わたし自身が起きたのだ。なんらかの外部的影響の帰結としてわたしはこうなったわけではない。きみらは行動主義に頼るあまり、善と悪を曖昧にしているのだ、スターリング捜査官。だからあらゆる人間に道徳的なおむつをはかせている――この世に他人の過ちに起因する悪など存在しないのに。わたしを見たまえ、スターリング捜査官。わたしを悪だと、きみは言い切れるか」[18]

デルバンコは続けて、以上のような言葉は、典型的な現代のホラー（恐怖）だ、と言います。つまりこういう悪人の質問に、私たちは答えることができないという認識が今や高まりつつあるのです。また、罪という認識を捨てるなら、サタン、宇宙的悪、そしてこの世のどんな悪行も、単に心理的、社会的問題から来るとみなされるだろう、それが被害者の苦しみ、事件の大きさを、矮小化してしまう、とも言っています。スターリング捜査官が現代の世俗的見方の結実だと見抜いたハンニバル・レクターは、そうやって彼女の尻尾をつかんだのです。そして彼女の世界観では答えられないような質問を突きつけ、言ったのは次のようなことでした。「きみは、わたしが斬首して食べた、あのかわいそうな人たちの家族全員にこう言わないといけないな。それはわたしが母親に愛されなかった結果だと。きみは、わたしをとがめることはできない。わたしの母親さえ、とがめることはできない」。現代の世界観を、彼は自分に都合よく利用するのです。

ハリー・ポッター・シリーズの第一巻の最後で、J・K・ローリングは、ヴォルデモート卿（最強の闇の魔法使い）が取り憑いた人物に、こう言わせています。「ヴォルデモート卿は……教えてくださった。善と悪が存在するのではなく、……力……が存在するだけなのだと……」[19]。私が思うに、ローリングが言いたいのは、悪の存在を否定することが問題だ、という点でしょう。悪の否定、それこそサタンが望むことです。

皆さんは、キリスト教では二元論も一元論もとらないことを興味深いと思われるかもしれません。代わりに、もう少し信憑性の高いことについて語ります。それは悪魔の存在です。もしも悪魔的な力が存在するなら、世界の悪は、単に人類の選択に依りません。ここで注意していただきたいことがあります。まず人類そのものが大きな罪を犯しうる存在で、だからこそ、そのような罪深い人間の選択が、世界の悪の基盤の重要な要素でもあります。しかし、私が一九七〇年代に南部の小さな街に引っ越してきたとき、そこではアフリカ系アメリカ人が、経済的、政治的権力から全く締め出されているという、社会と組織の末端の現実を目の当たりにしました。組織で働く人たちは、多くの場合確かに融通が利かず、さらに言うならば単に無知なだけなのですが、個人的に話すと、その大部分の人たちの性質が特に悪だというわけではないこともわかりました。しかし、彼らが属する組織そのものは、確かに悪でした。ハンナ・アーレントもそれに気づき、ニューヨーカー紙にナチス強制収容所の親衛隊員アドルフ・アイヒマンの裁判の記事を書き、それを「悪の陳腐さ」と呼びました。システムが、それを構成している何千もの、単に普通の個人たちよりもさらに悪で、破壊的でした。この世界の社会的、心理学的システム内で起こる悪を拡大化し、複雑化し、永続させる何らかの力が存在するのです。キリスト教は、度重なる個人の誤った選択の結果として説明できる以上の悪が存在すると言います。そして、その悪の一部は、まさしく悪魔的勢力によるものなのです。

しかしだからといって、キリスト教は二元論的でもありません。悪魔的勢力は神と同等ではないのです。悪魔は堕落した天使で、その他の堕落した天使たちを率いていますが、それよりも、はるかに神は力強いのです。そして最後には、神がすべてに勝利できるだけでなく、確かにそれを成し遂げるのです。それこそが、聖書のすべてのページを通して貫かれている驚くべき約束であり、希望です。

悪魔という考えに、どこか原始的なものを感じる、つまり、あまりにも単純な考え方ではないかと思われる読者もいるでしょう。しかし、私がこれまで説明してきたことから、そして敬意をもって言わせていただけるなら、この世界を悪魔の存在なしに説明するあなたこそ、霊的にも知的にも単純すぎるのではないでしょうか。

さて、ではもっと実践的なことに移りましょう。敵が誰であるかがわかったら、次に取り組むべき質問は、戦いの前線はどこか、ということです。悪魔が存在する以外に、聖書は私たちに何を教えているでしょうか。まさに戦うべき前線、攻撃するべき中心点を指し示しています。悪魔が何回かこう言っていることに注目してください。「あなたが神の子なら……」。これこそ、イエスに対してだけでなく、私たちに対しても攻撃する悪魔のやり方です。神はイエスを自分の愛する子と保証したばかりでした。そしてすぐにサタンが直接イエスに、まさにその点を目がけて襲ってきたのです。つまり、彼はイエスに、神がイエスを愛していること、力を与えることを証明するように要求したのです。しかし、そもそも疑いがなければ、証明も保証も証拠もいりません。それこそサタンの主な軍事的ゴールです。確信を、また神から完全に受容され、父なる神から無条件に愛されているという保証を、イエスから奪いたいのです。

それがサタンの攻撃の前線なら、私たちに対してどのような攻撃を仕掛けてくるでしょうか。まず手始めに、サタンは、本当にイエスは神の子であり、世界の救い主であると信じることから私たちを遠ざけようとします。

バプテスマのときに、神が天から語った言葉をよく見てください。まず神は「これは、わたしの愛する子」と言っています。世界中の反抗と悪を治めるために神から送られた、偉大な救い主である王について歌った、詩篇2篇からの引用です。しかし、それから神はこう言います。「わたしはこれを喜ぶ」。これはイザヤ53章からの引用です。苦しみを受けるしもべという、いつか人々の罪のために苦しみ、死ぬという謎めいた存在を説明した箇所です。これは聖書全体を理解するうえで重要な鍵です。旧約聖書全体を通して（詩篇2篇で見られるように）偉大な救い主としての王が来て、この世界のすべてを修正するという約束を見ることができます。ユダヤ人の多くは、この救い主を熱心に待ち続けていました。しかしイザヤの預言には、この苦しむ人物が出て来ます。このしもべは拒絶され、「彼の打ち傷によって、私たちはいやされた（いやされる）」（イザヤ53・5）とユダヤ人は教えられてきました。そして神がイエスをバプテスマのときに祝福するまで、この二人の人物を一緒にしたことはそれまで決してなかったのです。

神は、これを私たちに理解させようとしたのです。イエスは単に、人生をいかに生きるかという模範や教えとして現れた善人ではないのだと。ましてや、すべての悪を一撃で破壊するために現れた、天からの王だけでもないのだと。私たちが見てきたように、悪は私たちの奥深くにも存在します。すべての悪を一掃するためにイエスが来たのなら、その時点で私たちも終わってしまったことでしょう。しかし、イエスは、王座ではなく、十字架に向かうために来た王です。誘惑を受け、裁判にかけられ、苦しみ、死ぬために来たのです。なぜでしょうか。私たちが神の愛を受けられるようになるためです。ある賛美歌に「私は王座の前に立つ　罪赦されて　神の掟は守られた　あなたの愛で」と歌われているように、です。[20]

そのように、私たちのためになされたキリストの働きの中に憩うなら、恵みにより私たちは神の家族に入れられます（ヨハネ１・12）。それは、私たちが知ることができるということです。つまり私たちも神の愛する子供であり、そして、キリストにあって私たちは神にとっての喜びであるということをです。その保証こそ、何よりも深く、いのちを与える喜びの源です。そして、それはまた一方で、どんな罪、父なる神を悲しませるようなことにも、もはや背を向けたいと思わせるものでもあるのです。私たちがそうするのは、もはや罰への恐れや自分自身を証明する必要からではありません。そのような動機は、私たちを疲弊させ、必然的に偏狭さ、自己義認、心の頑なさを生み出します。いえ、その代わりに、大きな喜びと、私たちを救った方のようになりたい、喜ばせたい、仕えたいという本当の欲求をもって、私たちの生活は新しく、軌道修正されていくのです。そしてもう一方で、私たちを脅かしてきた恐れ、心配、不安が消えていきます。仕事の成功や失敗で、一喜一憂しなくなります。外見や容姿への不満、あるいは自分の肩書きへの不満に突き動かされなくなります。以前のように、批判されて落胆することもなくなります。私たちのセルフイメージは、決してなくならない愛を土台としているのですから。

なぜサタンが、これを攻撃の前線にするかわかりますか。サタンはどんな手を使っても、人間がこういう種類の力をもつことを阻止したいのです。だから、キリスト教を信じない人には、イエスが本当は何者かという事実を伏せておくことに執心します。イエスは、特にすばらしい善人だった、と信じ込ませたいのです。キリスト教を信じてはいるけれど、救いがキリストを通しての無償の贈り物だという考えを理解しない人には、サタンはその福音そのものに無知であり続けるよう仕向けます。彼は、そういう人たちが、私たちの道徳的な行いではなく、キリストへの信仰のみによって義とされた（神との関係が正しくされた）という事実について混乱させたいのです。

しかし、自分は神の養子とされ、愛されている息子、娘だということを原則として知っている私たちを、サタンは、私たちの道徳的な行動、善、努力を土台としたセルフイメージに後退させたいのです。そのような経験をした元牧師に、私は数年前に出会ったことがあります。いわゆる正統的なキリスト教の説教を語っている間に、彼の心の奥底でサタンが勝利しました。頭と口では彼はこう言っていました。「イエスとその恵みにより私たちは救われた」。しかし心では、かなり違う考え方によって突き動かされていました。言葉にするなら、このように聞こえたことでしょう。「私が、善人で価値ある人間だと確認するためにこうしよう。つまり私は牧師になる。こんなにいい仕事はほかにないだろう、牧師だ！　人々に真理とは何かを語る。苦しんでいる人を助ける。失敗した人たちを立ち直らせる」。つまり、頭ではイエスが自分の救い主だとわかっていても、彼は自分自身を自分の救い主としようとしていたのです。

その結果、彼の教会は成長し、宣教の働きは成功し、説教も受け入れられていましたが、彼自身は、だんだんと、しかし確実に、冷たい、ひとりよがりな、そして優越感に浸る人間になっていきました。説教は辛辣になり、人間関係においても、さらに傲慢で批判的になっていきました。

これが、教会の中で重要な家族何組かとの衝突につながり、彼らは教会を去って行きました。そんな事態に直面したとき、彼は事実を受け入れられませんでした。ただ人が去って行くといったことだけでなく、彼自身のアイデンティティーも失われたからです。この痛みを経験した彼は、飲酒に走りました。喉から手が出るほど欲しい称賛を与えてくれる女性と不倫関係に陥りました。彼の結婚も仕事も、破綻したのです。

何が起こったのでしょうか。もちろん、サタンには負けました。自分のアイデンティティーを車のエンジンに例えるなら、環境にも効率的にもいい燃料で動かす場合と、有毒な排気ガスを出すだけでなくエンジンそのものにダメージを与えるような燃料で動かす場合があります。悪い燃料は、恐れと自分の能力を証明しなければいけないという衝動です。あるいは誰か他の人に必要とされたい、という思いかもしれません。何の束縛もなく自由に自分を存分に表現できることかもしれません。ある一定の期間、私たちを動機づけ、突き動かす多くの種類の「燃料」があります。しかし、疲れも失望ももたらさない、エコな燃料はたった一つしかありません。それがあなたに与えられている神の愛です。他の燃料は、どれもいずれ悪魔的な結果を生みます。あなたに取り憑き、そこまでいかないとしても、あなたを落胆させることに変わりはありません。そのような燃料で動かされて生きている間はどんなときでも、サタンはあなたを思うままにします。彼があなたにこれだけはさせたくないということ、それは、「あなたは私の愛する子」という神の言葉を、あなたの人生と心のエンジンの燃料にすることです。

J・C・ライルは、十九世紀後半の、イギリスの聖公会主教でした。「確証」というエッセイで、彼はその効果をとても劇的にこう表現しています。

さて、確証とは神の子を自由にさえする。……人生の大きな問題が解決し、莫大な債務が弁済され、大病が癒やされ、気の遠くなるような仕事が完了したように感じさせてくれる。それに比べれば、その他もろもろの、病気、借金、仕事はどれも瑣末なものに思えてくる。確証は、人に、艱難の中で忍耐を、近親者との死別に際し平安を、悲しみの中での揺るぎなさを与える。悪い知らせの中でも不安に陥らせず、どんな状況でも満足を得させる。なぜなら心の安定性が与えられているからだ。人の苦い杯に甘味を与え、十字架の重荷を軽くさせ、旅の悪路を滑らかにし、死の陰の谷を明るく照らす。足元はいつも揺るがず、手元には何かしっかりした手すりがあるかのようだ。旅路には頼れる友が、向かうのは確かに我が家……。病人を見舞うための祈りの本に美しい表現がある。「全能なる主。あなたを信頼する者すべてにとっての心強い柱。今もこれからも、あなたの守りを彼らが知り、感じますように。天の下では、健康も救いも、私たちの主イエス・キリストの名前によって以外に与えられるものなし」[21]

それではこの戦いで一番の守備力は何でしょうか。再度、マタイから見てみましょう。まず、イエスが、言うなれば迷信的、魔術的方法でサタンに対処したわけではないことがわかります。彼は単にその栄光でサタンを一蹴したわけではありません。

私は別に、悪魔に取り憑かれている人に出て行けと命令する必要がないと言っているわけではありません。福音書ではイエス自身も、そのようにしているケースもあります。しかし一般的に、サタンは肉体に噛みついてというよりは、心に嘘を吹き込むことで私たちを支配します。サタンがアダムとエバを誘惑したエデンの園の記事からもわかります。あらゆる特殊効果を使って登場するのではなく、サタンはただ、神の言葉に反し、神の性質に異論を唱え、神との信頼関係を揺るがすような考えを提案するのです。私たちに対しても同じです。このサタンの嘘と戦うために、私たちにとって一番の守備力は、一般的には、呪文を唱えるというよりも、真理を繰り返し思い出すことでしょう。

イエスは聖書をどう使ったでしょう。これこそ、この箇所における明確なメッセージです。イエスは、悪魔に攻撃されるたびに聖書を引用します。もちろんそれは、今まで見てきた、前線での戦いにおける適切な方法です。サタンは私たちが真理とは何かを理解することを阻もうとするからです。しかし、それよりもさらにサタンが影響を与えたいのは、私たちの心の信念です。聖書によると、心は単に感情の座であるだけでなく、私たちの基本的な献身、希望、信頼の源です。その心から、私たちの考え、感情、行動が流れ出ます。心が信頼するものは、考えの中で正当化され、それを実行したいという感情が生まれます。そして意志がそれを実行させます。サタンは、あなたが理性的には神の愛の恵みを知っていても、心で「私はあれ、これ、それをしなければ、価値ある、愛される、役立つ存在になれない」と信じれば、大満足なのです。

サタンは神の啓示（示されている真理）や約束につけ入り、あるいはおおっぴらに否定しますが、それゆえに、そのどれにも聖書そのものから反論できます。イエスは申命記8・3、そして6・16、最後に6・13を引用します。十字架で死に瀕しているとき、まさに苦しみの絶頂にあるときに、詩篇22・1を引用し、「わが神、わが神、どうして、わたしをお見捨てになったのですか」と言いました。痛みやショックの只中にあるとき、あなたの考えや口から出て来るものは、あなたの全存在の最も中心にあるものです。そしてそのような瞬間に、イエスの口からは聖書の言葉が出ました。聖書の記事の中で、イエスが話した言葉の一割が、旧約聖書からの引用、あるいは暗示だと言われています。それほど聖書に通じているということは、すべての思考、感情が聖書にある啓示を基準にして処理されているということです。神による確証、召喚（呼び出されること）、約束、そして啓示がそれほど心の深いところに確保されているということは、サタンにとって、あなたの救いの保証を妨げるための足がかりを見つけることさえ難しいということです。サタンが最も攻撃しやすい前線において、もはやあなたは、か弱い存在ではないのです。
さてここで、あなたに質問しなければなりません。もし、イエス・キリスト、神の子でさえ、頭でも心でも聖書の深い知識なしに、この世の悪の力に対抗できないと考えていたのなら、私たちは、それ以外の方法で、人生にどう立ち向かえるでしょうか。その知識を得るためには確かに大変な時間、労力が必要でしょう。礼拝し、日々聖書を読み、思い巡らし、覚え、歌い、その解説に耳を傾ける。そのすべてが、私たちが本当に聖書に精通するために必要なのです。そして攻撃されるとき、つまり罪の誘惑にあう、あるいは落胆してしまう、あるいはすべてもう諦めたくなる、そんなときこそ、聖書の言葉と約束に全存在をかけ、格闘し、「キリストのことばを、あなたがたのうちに豊かに住まわせ」（コロサイ3・16）るのです。それはまるで、J・C・ライルが書いたことのように感じられることでしょう。

本当のキリスト教とは、戦いである。……現在この世界には山ほどの宗教が存在し、そのどれも、本当の本物のキリスト教には及ばない。そういう宗教は、そこそこの基準には達しており、ぼんやりとした良心を満足させてはくれるだろうが、そんなものに本当の価値はない。……毎週何千もの男女が教会へと出かける……が、その宗教についての彼らの戦いは見たことがない！　霊的な闘争、そして奮闘、そして衝突、そして自己否定、そして目を見開いて戦い続けることなど、彼らは何も知らない。[22]

どうか荒野での誘惑と、バプテスマを切り離して考えないでください。イエスが任命された、つまり、その使命《mission》のために神によって力が与えられたので、サタンはイエスに近づいたのです。イエスは、この後すぐに、集中して、教え、癒やし、そして霊的に縛られている人たちを自由にする働きに就こうとしているところでした。このイエスのように、私たちは、サタンと戦います。私たちの心においてだけでなく、この世界に出て行き、サタンの働きを取り除こうとするのです。ある人がキリストに信仰を見いだすのを助けるとき、心からの奉仕をもって貧しい隣人に愛を示すとき、私たちは、まさに前線でサタンと戦ってもいるのです。Ｃ・Ｓ・ルイスは、苦しみは幻想だという汎神論者の信仰について書いていますが、その後、続けて、クリスチャンは悪に直面して、そのような消極さに甘んじていられるわけがないと主張しています。

癌やスラムに直面して、汎神論者ならこう言うだろう、「神的視点に立って見ることができさえしたら、それもまた神であることを諸君は認めるに違いない」と。これに対してクリスチャンは答える、「罰当たりなナンセンスはよしてくれ」。というのは、キリスト教は戦う宗教だからである。キリスト教はこう考える、神は世界を造った――空間と時間、熱と寒冷、あらゆる色と味、すべての動物と植物、これらは皆神が「自分の頭の中から造り上げた」ものである——ちょうど人が物語を作り上げるように。しかしまたキリスト教はこうも考える、神が造ったその世界では多くの過ちが犯されてきた、そこで神は、われわれにそれらの過ちを正すよう求めている、然り、声を大にして求めている、と。[23]

私たちのこの霊的な戦いに、もう一つ助けが与えられています。そしてそれはこの箇所で、私たちの前に示されています。つまり、イエスそのものです。ヘブル4・15は、彼が私たちの偉大な祭司だと言います。祭司はカウンセラーであり癒やす者であり、イエスが「私たちの弱さに同情」できる方で、私たちは「あわれみを受け、また恵みをいただいて、おりにかなった助けを」（ヘブル4・16）受けられると言います。なぜでしょうか。彼は「罪は犯されませんでしたが、すべての点で、私たちと同じように試みに会われた」（15節）からです。イエスは私たちが悪の現実に直面するのを、私たちの内側でも外側でも助けます。人として、自身もそれを経験したからです。私たちの心にしのびよるサタンの嘘と、この世界でのサタンの悪行と戦えるように、神の言葉だけではなく、その言葉である主にも頼りましょう。私たちは、聖書という本を手にしているだけではありません。それがどれだけ完全であっても、イエスという、私たちが想像もつかないほどの激しい試練を経験した方自身を、味方に与えられているのです。そして彼は、すべてを私たちのために達成しました。私たちは今、その人に深く慰められ優しく力づけられながら、彼とともにすべてを乗り越えることができるのです。

第7章　二人の代弁者

イエスが弟子たちと過ごした人生最後の夜、それが、あのあまりにも有名な、最後の晩餐です。ある家の二階の広間を借りて祝った過越の祭りの食事でした。マタイ、マルコ、ルカの福音書には、その晩餐について詳しく描かれていますが、かたやヨハネの福音書では、パンを裂くとか、ぶどう酒を飲むといったことについては、全く触れられていません。食事の内容については、全く語られていないのです。しかしヨハネは、その夜、その部屋で何が起こったかについては、他の誰よりも詳しく記しています。加えて三章にも及ぶ、いわゆるイエスの告別の辞（その後の章ではすばらしい祈りへと続く）を取り上げています。

ところで、死を目前にした人は遠回しに、あるいは、わき道にそれるような言い方はしません。自分の胸に迫る、あるいは、聞く人にとって重要なことを語ります。だとしたら、この箇所では、一体イエスは何を言いたかったのか、に注目すべきでしょう。多くの題材や話題を取り上げながらも、その根底に流れる一つの重要なテーマがあるからです。死を前にして、彼の心を大きく占めていた問題、それは何だったのでしょうか。

これまでの三年間、弟子たちは、イエス・キリストとのふれあいを日々経験してきました。イエスとともに暮らし、働き、話し、祈りました。しかし今やイエスは「子どもたちよ。わたしはいましばらくの間、あなたがたといっしょにいます。……わたしが行く所へは、あなたがたは来ることができない」（ヨハネ13・33）と言います。これは弟子たちに、ちょっとした警戒心を引き起こします。ペテロは、なぜついて行くことができないのか、また、はっきりと『私はあなたについて行き、あなたのためにいのちも捨てる』、とまで言いました（ヨハネ13・37）。トマスはもっと慎重派でしたが、しかし混乱した彼は何の話かよくわからず、イエスはどこに行くのか、自分たちはどうやったらそこに行けるのか教えてほしいと迫ります（14・5）。「父の家に」行くのだ、と言うイエスに（14・2、3）ピリポは「父を見せてください」と頼むほどです（14・8）。

以上から、イエスの人生と弟子たちとの働きについての記事全体を読んだ経験のある方なら、そのような弟子たちの言葉が実際はどれほど浅いか、おわかりになるでしょう。ペテロは自分自身について全くわかっていません。「わたしのためにはいのちも捨てる、と言うのですか」（13・38）と、イエスが尋ねるほどです。しかし、さらにわかるのは、今までイエス自身が人の罪のために死ななければならないと、日常的に教えてきたにもかかわらず、彼らにはその言葉が全く染み込んでいなかった、という事です。イエスは悲しげに聞きます。「こんなに長い間あなたがたといっしょにいるのに、あなたはわたしを知らなかったのですか」（14・9）。それは、あまりにも悲惨な事実を明らかにする、痛烈な質問でした。つまり、今まで共有した時間や関心事にもかかわらず、イエスは「あなたがたは本当には、わたしを知らない。あなたにとって必要な、わたしとの深く個人的な出会いを本当には経験していない」と言っているのです。弟子たちは、自分自身の心を理解するどころか、イエスの心や、その目的さえ、ほとんど理解していなかったのです。

ですから、状況は悲惨でした。彼らは、イエス自ら選んだ、そのよき知らせを世界に伝えるための代弁者でした。それなのに、彼らはイエスのことをほとんど理解していないし、翌日にはイエスは死ななければならないのです。それだけでなく、イエスは彼らが十字架から始まる大きな迫害と重圧を経験することも知っていました。彼らは、イエスを理解し、そのメッセージを本当に伝えられるのでしょうか。しかし、希望はあります。イエスは、それをまず謎かけのように表現します。

わたしは父にお願いします。そうすれば、父はもうひとりの助け主をあなたがたにお与えになります。その助け主がいつまでもあなたがたと、ともにおられるためにです。その方は、真理の御霊です。世はその方を受け入れることができません。世はその方を見もせず、知りもしないからです。しかし、あなたがたはその方を知っています。その方はあなたがたとともに住み、あなたがたのうちにおられるからです。わたしは、あなたがたを捨てて孤児にはしません。わたしは、あなたがたのところに戻って来るのです。いましばらくで世はもうわたしを見なくなります。しかし、あなたがたはわたしを見ます。わたしが生きるので、あなたがたも生きるからです。その日には、わたしが父におり、あなたがたがわたしにおり、わたしがあなたがたにおることが、あなたがたにわかります。……このことをわたしは、あなたがたといっしょにいる間に、あなたがたに話しました。しかし、助け主、すなわち、父がわたしの名によってお遣わしになる聖霊は、あなたがたにすべてのことを教え、また、わたしがあなたがたに話したすべてのことを思い起こさせてくださいます。わたしは、あなたがたに平安を残します。わたしは、あなたがたにわたしの平安を与えます。わたしがあなたがたに与えるのは、世が与えるのとは違います。あなたがたは心を騒がしてはなりません。恐れてはなりません。（ヨハネ14・16～20、25～27）

ここでイエスは、幾つか注意すべきことを語っています。まず、神の聖霊が、弟子たちに下ることです。旧約聖書を読んだ人なら、神の霊とは、父なる神からこの世界に送られる力だと、おわかりになるでしょう。しかしイエスは、弟子たちにとってさらに特別な方法で、聖霊について語ります。

まず聖霊は、単なる力ではなく、人格的な存在だ、という点です。ギリシア語では、名詞は男性、女性、中性と分かれていますが、「霊」は中性形です。しかしイエスはここで、聖霊をさして、しばしば「彼」と言います。これは、何か漠然とした神的エネルギーについて語っているのではない、ということです。イエスが去った後、つまり死後、父なる神が、イエスの代わりになる人を送ってくれると言っているのです。

次に、イエスは、自分が去り、その人が来る、と言います。「もしわたしが去って行かなければ、助け主があなたがたのところに来ないからです。しかし、もし行けば、わたしは助け主をあなたがたのところに遣わします」（ヨハネ16・7）

それでもまた、別の意味でイエスは「あなたがたのところに戻って来る」（ヨハネ14・18）と言います。つまり、この人を通して、この世界には物理的に存在しないので見えないはずのイエスを、弟子たちは「見る」ことができるようになる、というのです。ある意味で、イエスはいなくなるのに、彼の存在は父なる神が送るこの人によって取りもたれ、私たちの間にあり続けるというのです。

それならば、その人とは誰でしょうか。イエスはこの人を「もう一人の助け主」と呼んでいます。この呼び方は、ほとんどの翻訳で、少しずつ違います。他では「助け主（Helper）」や「カウンセラー（Counselor）」と訳されるところを、古い英欽定訳では「慰め主（Comforter）」と訳されています。このようにさまざまな翻訳が見つけられる箇所は、だいたい原文の言葉の意味に多くのニュアンスが含まれ、豊かなので、単純な一つの単語で伝えきれないような箇所です。一般的に「慰め主」なら単に手を取って慰めてくれるイメージ、「カウンセラー」なら傾聴してくれるイメージ、そして「助け主」のヘルパーという言葉には自分より年下か、経験の浅い補佐役というイメージをもちやすいでしょう。ＮＩＶ（新国際訳）で「代弁者（advocate）」という、法廷で被告人弁護士を指す法律用語を採用したのは、そういう背景があるからかもしれません。そして、この訳語は、本来の単語にある豊かさとさまざまな面を引き出してくれます。

「助け主」は、原語ギリシア語ではパラクレートスと言います。これは名詞で、動詞はパラカレオーです。カレオーは「誰かを呼ぶ、指導する」という意味です。パラ（para）は「そばに寄り添う」という意味で、英語では、弁護士補佐（paralegal）、医療補助員、救急救命士（paramedic）などに見られるように、接頭辞としてよく使われる語です。支えるために、近くに寄り添うという意味です。そうすると、ここで矛盾を感じる方もいるでしょう。遣わすという言葉には、どこか力強さが感じられます。積極的な行為であって、消極的ではありません。真理のため、目的のために遣わすからです。ちょっとした話をもちかける、とか、何かを依頼するといったレベルではありません。その目的に向かって押し出すのです。しかし「そばに寄り添う」とは、共感し、関係をもち、誰かの身になって考えるという意味です。ですからこの言葉は、預言者としての挑戦と、祭司としての援助という意味が融合されたものでしょう。
となると「カウンセラー」という言葉は、実際ある意味、それほど悪くはない訳語で、この言葉から現代の私たちがすぐに連想するのは、臨床心理士などのセラピストです。しかし、ここではあえて「法廷弁護士」、被告人弁護士として考えたほうが、もっと理解しやすいでしょう。弁護人は、もちろん共感をもって、あなたの味方になります。しかし、単にあなたを慰めるためにそこにいるのではありません。むしろ、あなたにとって厳しく挑戦的なことを言わなければならないこともあるでしょう。しかしそれもすべて、訴訟と判決が、あなたにとって有利に働くためです。そして弁護人は、あなたと話すだけでなく、あなたに有利に働くよう、あらゆる権威に対して語ります。聖霊を「代弁者」とする翻訳は、私が思うに、そういう意味で、間違ってはいないのです。

このように、イエスが語る言葉の中で、神の聖霊がそのように定義され、描写されました。しかし同時に注目しなければならないのは、イエスが聖霊を「もう一人の代弁者（あるいはカウンセラー）」と呼んでいることです。だとしたら、最初にいるはずの代弁者とは、誰なのでしょうか。新約聖書の中でほかにパラクレートスが使われているのは、Iヨハネ2・1～2です。「もしだれかが罪を犯すことがあれば、私たちには、御父の前で弁護する方（パラクレートス）がいます。義なるイエス・キリストです。この方こそ、私たちの罪のための——私たちの罪だけでなく、世全体のための――なだめの供え物です」。ということは、イエスが最初の代弁者で、聖霊がもう一人の代弁者なのです。

この世界での代弁者、(カウンセラー)という言葉は、十字架でのイエスの働きだけでなく、私たちの心のうちにある、聖霊の働きをも理解するうえでの鍵です。ここで声を大にして言いたいことがあります。イエスを最初の代弁者だと認めないと、第二の代弁者である聖霊の働きを理解することは不可能だ、ということです。そしてこれが、あの二階の部屋でイエスが直面した問題、三年もの間、指導を受け、親しく交流し、しかしイエスの働きを理解せず、彼自身を深く知ることもなかった弟子たちという問題への答えです。まずは、この言葉がイエスの働きをどう表しているかを見て、次に聖霊の働きをどう表しているかを見ることにしましょう。

イエスは十字架で何をしたかについて、あなたはこう答えるかもしれません。「簡単です。私たちの罪のために、私たちが赦されるために死んだのです」。しかし、あの二階の部屋で、自身を私たちの代弁者だと呼ぶことでイエスは、それよりもずっと過激な行動としての彼の死について語っています。というのも、この言葉からわかりますが、まずどこかに法廷の場があるからです。私たち皆が立たなければならない普遍的で神聖な法廷です。「理性的に言って、神聖な法廷などという考えは疑わしい」と言う方もいるでしょう。しかし、心の奥底では、最終的にはそういう判決がいつかあると、実はあなたも感じているのではないでしょうか。なぜ私がそう思うか説明させてください。

私にとって、すべての文学の中で一番恐ろしい場面が、アーサー・ミラーの戯曲『セールスマンの死』にあります。主人公ウィリー・ローマンは、自身を負け組だと感じている、営業先を旅するセールスマンです。自己憐憫のあまり、旅先での浮気の常習者です。「人生大変なんだよ」「浮気なんて大したことじゃない」と言って、男性がよくするように自分を正当化します。

おそらく彼にとっての人生唯一の慰めは、長男ビフが彼を尊敬していたことでした。しかしある日、浮気の現場のホテルにビフが現れ、激しい場面が展開します。当初ウィリーは冷静を装い、「ビフ、お前も大人になったらこういうことがわかるようになるさ」と言います。しかしビフは彼を凝視します。するとウィリーは息子を脅し、すべてを忘れろ、「これは命令だ！」と言います。しかしビフが、ウィリーを「インチキ大嘘野郎」と罵り、ついに立ち去ると、どんな正当化もできなくなった彼は、魂を抜かれたように、がっくりと膝をつくのです。その場面を読むと、私は身震いがします。どんな言い訳も、結局は事実を見通してしまうビフの正直で純真な目の前には、何の効果もありません。ウィリーは口角泡を飛ばし、歩き回ります。しかし彼の皮肉な言葉も、自己欺瞞も、偽りの自己正当化も、あのまっすぐな目を前に剝がれ落ち、まるで魂が裸にされたようになって、ウィリーはそこに取り残されます。

さて、パウロによるローマ人への手紙の2章で言われているのは、すべての人には、心の奥深くどこかに（無意識的に抑圧しながらも）神聖な目が私たちをそのように見つめているという感覚がある、ということです。しかし、その視線は、ビフの凝視よりもずっと刺し通すようであり、公正で真摯なものです。その目の前では、私たちの言い訳はどれも通用しません。

もちろん、「神聖なる裁きなどという存在は認めない。何が正しくて何が間違っているかは、人それぞれだし、文化によっても違う」と言う人も多くいるでしょう。しかし、そうは言っていながら、かたや、あたかもそのような裁きがあるかのように振舞ってしまうことはありませんか。例えば、誰かがあなたに、違法ではないものの冷酷な行為をしたとします。たとえ相手にそれなりの信念があってのことだったとしても、あなたは、それは間違っていると感じるのではないでしょうか。「私の価値観から言えば間違っていると感じるけれど、彼の価値観ではそうではないのかもしれない」と自分に言い聞かせたりはしないでしょう。いいえ、それどころか、あなたは、誰かの文化が、家族が、感情が許容していることでも、間違っていることがある、と本能的に知っています。

ある人たちにとって自然なことでも、にもかかわらず物事はそうではないはずだ、という認識が、私たちにはあります。自然なことが間違っていると判断できるのは、「超自然的」な基準が存在する場合だけです。私たちは、いつか裁きがあると知っている、その事実から免れることはできません。

聖書は、私たちすべてがその裁きの前に立つ、と言います。つまり、私たち皆にとって、直視すべき基準があるということです。そしてここにジレンマが生じます。聖書が間違っているなら、神はいません。裁きがないなら、暴虐も不正も単に自然に生じるのであって、そんな世界のどこに希望があるのでしょう。しかし、もし裁きの法廷が本当にあるなら、あなたや私にどんな希望があるでしょう。人はそれぞれ、どんな道徳基準をもっていたとしても、その基準に達することすらできないなら、ましてや神の基準を守れる人などいるのでしょうか。「自分がしてもらいたいと思うことを他者にせよ」という黄金律を思い出してください。これに反対する人はいないでしょうが、一体誰がそれを実際に守れるでしょうか。

良心とは何でしょう。ローマ2章でのパウロによると、正義の王座から送られる信号を受ける受信機のようなものだとわかります。例えば、「私がいつも罪悪感を感じるのは、母親のせいだ。母からこんなことをされたから」だと言って、何回もカウンセリングを受け、それでも罪悪感を感じ続けるとします。なぜでしょうか。確かに生育歴に問題があると、あなたの良心は影響を受け、ある事柄には過敏に反応し、それ以外には鈍感になる、ということもあるでしょう。しかし、罪悪感を生むのは家族背景ではありません。もともとあった罪悪感を悪化させるだけなのです。

パウロは言います。神の律法を知らない人、信じない人も「律法の命じる行いが彼らの心に書かれていることを示しています。彼らの良心もいっしょになってあかしし、また、彼らの思いは互いに責め合ったり、また、弁明し合ったりしています」（ローマ2・15）と。ですから、この神聖な裁きがあるとしたら、単に私たちがいつか直面する問題というだけでなく、今の私たちにとっての問題でもあるのです。

自分の「自尊心（セルフエスティーム）の低さ」や「恥と罪悪感」が、どんなに「この問題はあの人やこの人のせいだ」と言ったところで、実際のところ朝起きてから寝るまでの間、私たちの生活、感情、自己理解は、健全な良心によって、あの裁きの法廷へと向けられているのです。たとえ、過干渉な親、抑圧的な文化や背景を取り除くことができたとしても、つまり自由に道徳基準を選べるようになったとしても、私たちはまだ、どこかで非難されているように感じます。心の奥底のどこかに、自分が愚かで、詐欺師で、失敗者で、そもそもこうなるはずではなかった、と言う声が聞こえるのです。

心の奥深くでは裁きの法廷があると私たちが知っていることは、聖書も言っているとおりです。そして、自分がたったひとりでは、その法廷に立てない、ということも知っています。聖書がイエスを代弁者だと言うのは、まさに、この裁きの法廷の存在と、そこに立ち、向き合わなければならない私たちを想定しています。「代弁者」とはまず、そういう意味で適用できます。

次に適用できるのは、イエス・キリストが、模範的な行動を示した方で、愛にあふれた支援者ではあるものの、どちらも、第一にそういう存在だというわけではない、という点です。どちらも助けにはなりますが、それだけでは私たちの必要に十分な助けではありません。あの裁きの法廷が存在するなら、そして、私たちの良心さえ、その法廷が実際にあるという事実を証言するなら、私たちには真の代弁者が必要です。

それでは、代弁者にはどんな役割があるでしょう。あなたがもし嫌疑をかけられ裁判所に赴くとしたら、弁護士はどんな存在でしょう。法廷において、ある意味、弁護士はあなた自身です。神学者チャールズ・ホッジは、法廷ではあなたは弁護士と一心同体だ、と言っています。あなたが口下手でも、弁護士が雄弁なら、法廷でのあなたはどう見えるでしょう。雄弁です。あなたが無学でも、弁護士が優秀なら、法廷でのあなたはどう見えるでしょう。優秀です。あなた自身の弁論、出頭が必要とされず、弁護士が代理人として出頭するケースもあります。以上から、法廷でのあなたの姿はどう見えると言えますか。代弁者である弁護士の姿と重なります。代弁者が勝てば、あなたも勝ちます。代弁者が負ければ、負けます。つまり、あなたの勝敗は、あなたの代弁者にかかっているのです。

ここで、Ⅰヨハネ2・1で、ヨハネが書いていることの力強さがようやくわかります。裁きの法廷でも、自分自身の良心に照らしても、あなたが有罪だとしたら、必要なものは何でしょうか。お手本になる人ですか。支援者ですか。気を取り直せるように、気合を入れてくれる人ですか。そばに寄り添い、「あなたならできるよ！」と言ってくれる人ですか。法律に詳しく、あなたがどの法に触れたかを説明できる人ですか。もちろん、そういう人たちも必要でしょうが、誰よりも先に必要な人ではありません。あなたに必要なのは、優秀な法律家だけでなく、父なる神の前であなたのために弁護してくれる完全な代弁者です。

ただし、この隠喩はさらに深く考えなくてはなりません。あなたが法廷で責められるなら、雄弁で優秀な弁護士だけでなく、あなたの無実を証明できる人が必要です。私がクリスチャンになったばかりの頃、父なる神と私の間を、どういうわけかとりもってくれる「仲介者」としてのイエス・キリストの役目について、よく聞きました。ヘブル人への手紙で、旧約時代の大祭司がしたのと同じように、イエスが父なる神の前に私たちの大祭司として立つ、という描写を読んで知ったのです。父なる神の前で私の代理として立つイエスについて最初に知ったとき、私はこんなふうに思いました。イエスが神の王座に向かって行って、こう言うのです。「おはようございます、お父さん。こちらは私の依頼人ティム・ケラーです。今週の彼は、確かに褒められたものではありません。あなたとの約束を三つ、四つ破りましたから。それに、すでに知って理解しているあなたの律法をいくつか破りました。今週は多くの罪を犯しています。罰を受けて当然です。しかし、そこのところをどうか赦していただけませんか。お父さん。お願いします。わたしに免じて。彼にもう一度チャンスを与えてください」。そんな想像をしていました。そして父なる神の返事もこうなのではないか、と。「ああ、いいよ。おまえに免じてな。もう一度チャンスをあげよう」

　さて、この台本には、イエスが私の無実を証明していないという問題があります。彼は単に再起の機会をお願いしているだけです。そして私はこうも思ったのを覚えています。「イエス様だって、こんなプロセス、どれだけ忍耐できるんだろう」。父なる神が、いつかこう言うのではないかと思っていたのです。「もういい、たくさんだ！」しかし、私の想像は情報不足でした。弁護士は、陪審員や判事の情に訴える、判決を遅らせる、厳密な法解釈に訴えるだけでは十分ではありません。また、延々と語ること、聴衆の感情を操作することも必要ありません。必要なのは、証明そのものです。それをまさしくイエスが提示したのです。

　では彼はどんな証明をしたのでしょうか。ヨハネはⅠヨハネ2・2で、こう続けます。まず、「この方こそ、私たちの罪のための……なだめの供え物です」。イエスは父なる神の前に行きますが、私たちのために憐れみを乞いに行くのではありません。もちろん神が、私たちの身代わりとして死ぬためにイエスをこの世に送ったのは、限りなく憐れみ深いことでしたが、それはすでに実現したので、今更イエスが請願する必要はありません。Ⅰヨハネ1・9に「もし、私たちが自分の罪を言い表すなら、神は真実で正しい方ですから、その罪を赦し、すべての悪から私たちをきよめてくださいます」とあります。神は憐れみ深い方だから、クリスチャンが罪を告白するなら赦し、チャンスをくれる、とは書かれていないのです。そうです、神は真実で正しい方なので、赦すのです。私たちを赦さないのは、神にとって正しいことではないのです。どうしてでしょうか。

被告である依頼人を無罪放免にする最善の方法は、法廷で情状酌量されることではありません。むしろ、依頼人が、法に照らして無罪にされなければならないと証明することです。弁護士なら、誠実に、確信をもって「これが法です、そしてその法が、依頼人を無罪にするよう要求します」と言えるような事件を扱いたいはずです。そのときの法廷での感情の流れに従ってではなく、最初から最後まで法に則って弁論を行うのです。イエスの申し立ては、まさにそのようなものです。つまりイエスはこう言える方なのです。「お父さん、わたしの民は確かに罪を犯し、律法によるとその罰として死ななければなりません。でも、その罪の償いはわたしが支払いました。見てください、この血を。わたしが死んだ証拠です！　十字架にわたしがかかり、彼らの罪の償いは完了しました。ですからもはや、誰であれ、同じ罪に対して二重に支払おうとするなら、それは正しくありません。だからわたしは、彼らのために慈悲ではなく、正義を求めているのです」

イエスの要求が本当なら、それこそ確実に勝てるケースです。だからヨハネは、神が義なる方だから、クリスチャンがその罪を告白するならその罪は赦される、と言えたのです！　世界中のどの哲学も宗教も、本質的には人生を義の天秤のように見ています。目隠しをして天秤をもっている正義の女神像（訳者注・神話に登場する女神。現代でも司法や裁判の公正さを表すシンボルとして用いられている）を思い出し、想像してみてください。あなたは天秤の片方にいます。そして、もう片方には神の法があります。そしてこう言われるとします。「神を第一とせよ。すべての者を愛せ。黄金律に従え」。すると、神の法が重く積み重なり、天秤はそちらに傾きます。するとあなたは、自分の側に善行、功績、自己訓練による生活などを積み重ね、天秤のバランスをとる生活を一生送らなくてはなりません。つまり、神の法はあなたを危険な立場に陥れるために存在し、あなたは品行方正に生きるか、そうでなければ、神の法がバランスを失わせ、あなたを破滅に追い込みます。神の法は常にあなたに有罪を宣告し続けるので、重さの違いを相殺するか、無効にする手段を考えなくてはならないのです。

しかし、考えてもみてください。イエスがあなたの代弁者なら、神の法は今や、完全にあなたのためにあるのです。あなたの天秤皿に、神の法をおいてもらえるのです。イエスを信じ、心から「父なる神様、イエスがしたことのゆえに、私を受け入れてください」と言えるなら、イエスの十字架での働きは、あなたの口座に振り込まれたようなものなのです。今や神の法は、あなたの無罪を要求します。これこそヨハネが、イエスを私たちの代弁者、「義なる方」とも呼ぶ理由です。この言い方は、神があなたを見るとき、あなたがクリスチャンなら、あなたを「キリストにある」者として見る、ということです。あの秤で計られるあなた自身はそれだけでは罪人ですが、キリストにあるなら、完全で、正しく、美しく、義とされているのです。まさに、代弁者と一つになった姿です。パウロは、Ⅱコリント５・21で「神は、罪を知らない方を、私たちの代わりに罪とされました。それは、私たちが、この方にあって、神の義となるためです」と言っています。つまり、イエス個人は罪人ではなかったのに、罪人として扱われ十字架にかけられたので、今その彼を信じる私たちは、個人としては義でも完全でもないのに、イエスのゆえに、父なる神にそのように扱ってもらえるのです。

では、最初の代弁者の役割は何でしょう。父なる神の前に「わたしがしたことを見てください。それから、彼らを、わたしによって受け入れてください」と言うことです。そして、もう一人の代弁者、イエスが彼らに送ると約束してくれた、聖霊の役割は何でしょうか。最初の代弁者の役割がわからなければ、二人目の役割を理解することはできない、と私が言ったのを覚えていらっしゃるでしょうか。多くの人が聖霊は私たちに力を与える存在だと言い、またそれは真実ですが、ではどうやってその力は与えられるのでしょう。単に私たちのエネルギーレベルを高くして力をみなぎらせるというのでしょうか。いえ、もう一人の代弁者と呼ぶことで、イエスは、聖霊の働きがどれだけ力強いかを理解するための大きな鍵を与えています。

最初の代弁者は、あなたのために神に直接語ってくれます。しかし、二人目の代弁者は、あなたのために、あなた自身に語るのです。告別の辞で、聖霊の働きは、私たちの身代わりとしてイエスがしてくれたすべてについて思い出させることだと、イエスは言いました。その時点では弟子たちがまだ理解しきれなかったことすべてです。そして「あなたがたに……教え」「思い起こさせて」、弟子たちに、イエスがその救いの働きについて教えたすべてがついに理解できるのです（ヨハネ14・26）。神学者、J・I・パッカーは、聖霊の働きを、まるで照明灯のようなものだと言います。ライトアップされて明るく浮かび上がる夜の町並みを見て、「綺麗な建物だね」と言うあなたは、照明そのものではなく、照明に照らされた建物を見ていることでしょう。照明の役割は、それ自体ではなく、照らす対象（建物）をくっきりと浮き上がらせることです。

あの二階の部屋で、イエスが十字架にかかる前の晩、弟子たちは、イエスがどれだけ彼らを愛しているか、そのためにどれだけの犠牲を払わなければならないか、その愛が彼らのためにどんなことを達成するのか、何もわかっていませんでした。そのどれもが、彼らにとって不透明だったのです。だから、三年もの間、寝食を共にしたのに、彼らはまだ本当にはイエスと出会っていなかったのです。彼らはまだイエスを知らなかったのです。しかし、聖霊が来ます。そして、手をとって、力を与えてくれるだけでなく、彼らに深く、人生を変えるような真理を教えるのです。そしてついには、彼ら自身の罪の深さに気づけるよう助け（ヨハネ16・9）、そして、イエスが彼らのためにしたことを示すのです。

私は、聖霊が単に指導者だけでなく、代弁者である、という事実に特に惹かれます。「真理の御霊」であるのに、単に私たちに教えたり、情報を与えたりするだけではありません。その教えた事柄に沿って生きるよう招いてくれるのです。彼は、私たちに有罪を宣告し、挑戦を与えます（ヨハネ18〜11）。要するに、こう言います。「あなたは罪人です。その事実を受け止め、神の前にへりくだり、神に頼って生きていますか。しかし、あなたは、キリストにあって義とされてもいます。家族として養子となり受け入れられています。その事実によって与えられる大胆さと自由をもって生きていますか。その結果、この世界での権力や承認、快適さへの必要から自由にされていますか」。

彼は私たちと議論し、熱心に勧め、懇願し、嘆願します（どれもパラカレオーという言葉をよく訳した言葉です）。私たちがキリストの愛に根ざした生き方ができるように、です。そして、これが聖霊を通して、キリストがついに自身を彼らに「現す」（ヨハネ14・21）ということです。ついに弟子たちは、キリストの本当の愛の姿を見るようになります。

どういうことでしょう。弟子たちは、キリストが死に、聖霊を通して戻って来るまで、本当にはイエスを知ることができなかったのです。これを知って、クリスチャンは励まされます。例えば私たちは、キリストの時代に生き、実際に彼に会い、この耳で彼の話を聞き、この目で彼を見たなら、信じやすかっただろうと思いがちです。今の自分よりも、もっとよくキリストを知ることができただろうと考えるかもしれませんが、それは間違いです。キリストが死ぬ前は、聖霊がこのような力強い形で世界に送られてはいなかったのです。そして今、その聖霊の力によってのみ、イエスを十分に知ることができます。聖霊が十字架という影の中に、私たちへのキリストの愛の高さ、長さ、広さ、深さを十分に示してくれるからです。言い換えれば、あの二階の部屋での弟子たちよりも、今ここで、聖霊を通して、あなたはキリストを見ることができ、また、その存在と愛を、もっとよく知ることができるのです。

今あなたがクリスチャンでも、まさにそれを信じて生きている、とは言いきれないかもしれません。聖霊によって与えられたものの大きさが、十分見えていないかもしれないのです。例えば、あなたが億万長者で、ちょうど財布に千円札が三枚あったとしましょう。タクシー代八百円と言われて、運転手に千円札一枚で支払いました。後で財布を見ると一枚しか残っていません。「あれ、一枚どこかで落としたか、運転手に二枚渡したかな」と思います。あなたはここでどうするでしょう。腹立たしく思うでしょうか。一日不機嫌なままで過ごしますか。警察に行って、運転手を捜すように頼みますか。いや、単に肩をすくめるだけではないでしょうか。あなたは大金持ちで、千円無くしただけです。実際、そんなささいな損失を気にしなくてもいいほど、あなたは豊かなのです。

今週誰かがあなたを批判した、とか、買ったもの、支払ったものがそれほどの価値がなかった、自分が思ったように物事がうまく運ばなかった、頼りにしていた人にがっかりさせられた、としましょう。こういった、自分の評判、物質的豊かさ、希望などが失われるのは、あなたにとって手痛い損失です。しかし、あなたがクリスチャンなら、それにどう対応しますか。そのような損失が、満足していた人生を台無しにしますか。神に拳を振り上げますか。夜も寝つけないくらいですか。もしそうなら、私が思うに、あなたは自分の本当の豊かさを自覚していないのです。あなたは、最初の代弁者について、二人目の代弁者が語ることを聞いていないのです。喜びの中に生きていないのです。この全宇宙の中で、あなたが唯一気にするべき存在から向けられる眼差しが、あなたを「インチキ大嘘野郎」ではなく（時にそう言われてもおかしくないのに）、目を疑うほどの美しい人として見てくれる、ということを忘れているのです。人と比較して自分の地位について不満に思っている、あるいは、常に自分を傷つけた人の悪口を言ってしまうことについて、自分には自制心や自尊心が足りないからだ、と言い訳をするかもしれません。実際そういう理由もあるでしょう。しかしもっと根本的に言えば、それは、自分のアイデンティティーを全く見いだせなくなってしまった、ということでもあるのです。クリスチャンとしては、霊的に億万長者ですが、たった一枚の千円を固く握りしめているのです。キリストにあるあなたがどのような者であるかを証明し、満ち足りていると、心の法廷であなた自身を説得するのは、第二の代弁者の仕事です。そして、あなたの仕事は、それに耳を傾けることです。

　では、どうしたらよく聞くことができるのでしょう。大きな課題ですが、あなたがクリスチャンなら、「恵みの手段」と呼ばれるもの（ひとりで、あるいはコミュニティーで、聖書を読み学ぶこと、祈ること、礼拝すること、洗礼と聖餐式）を使うときに、聖霊が働きます。あなたが恵みの手段を使わないなら、第二の代弁者が働く機会を与えないでいるのです。あるいは使ったとしても、考えなしに大雑把に使うなら、そこにいても心ここにあらず、聖霊の導きも慰めも、アドバイスも弁護も、耳に入って来ないでしょう。

第二の代弁者の働きを経験できないことによる損失ははかり知れません。イエスは言います。「わたしは、あなたがたに平安を残します。わたしは、あなたがたにわたしの平安を与えます。わたしがあなたがたに与えるのは、世が与えるのとは違います」。聖霊の働きなしには、イエスを知ることも、イエスの平安を知ることもできません。ではイエスの与える平安は、この世界が与えるものとはどう違うのでしょう。

まず現代の傾向は、人生の大きな疑問について突き詰めて深く考えすぎないことで平安を得よう、というものです。何年か前、医学生の友人からこんなことを聞きました。彼は医学部で人間の身体がいかにもろく、ちょっとしたことでも病気になりやすく、何百万ものウィルスや病原菌に囲まれて、いつ何時感染してもおかしくないことを学んだそうです。それを知って怖くなったとも話してくれました。私が彼に、その恐れにどう向き合っているのか訊《たず》ねたところ、考えないように努力していると言いました。全般的に、それがこの世の与える「平安」といったところでしょう。人生は、不快で残酷で短いのです。そして、いつかあなたは死にます。だから、そんなことは考えるな、ということです。しかしキリストの平安は、その真逆です。なるべく考えないのではなく、もっとそれを考え抜くのです。現実を無視するのではなく、むしろ注意を向けるのです。聖霊は、父なる神があなたを愛していると語ります。つまり、あなたの幸せは永遠に保証されているのです。言い換えれば、キリストは、人生の暗闇を乗り越えることについて考えられる、確かな材料を与えてくれているのです。かたや、この世は、ただ「考えないように大声を出して、他を見ていよう」と言うだけなのです。

次に言えるのは、一貫しているキリストの平安に対し、この世の平安は、状況に左右されるので途切れるということです。読者の中には、人々から好かれ、収入も仕事も安定し、取引を成功させ、すばらしい住環境を得て、平安を感じている人もいるかもしれません。しかし、株価が下がり、仕事で失敗したら、不安が募ります。動揺します。なぜでしょう。あなたの平安が状況に左右されているからです。

十八世紀のウェールズの説教者が、まだ十代だった頃経験した話を聞いたことがあります。叔母の最期に家族一同と居合わせたときのことです。信仰篤いクリスチャンだった叔母が、まさに息を引き取ろうとしていました。聞こえないと思って、何人かが声に出してこう言いました。「残念だ。叔母さん、苦労したね。最初のご主人も、二回目のご主人も見送って、病気がちだったし、それに何より、こんなに貧しいまま亡くなるなんて」。すると突然、彼女が目を開き、辺りを見回し、言ったのです。「誰が貧しいですって？　私は豊かよ、富んでいるわ！　そしてもうすぐ、ライオンのように大胆に神様の前に立てるのよ」。こう言って、亡くなったのです。

　それは、当然のことながら、青年に大きな影響を与えました。叔母は、代弁者の語ることを聞いていたので、イエスが言っていた平安を得ていたのです。彼女はこう言っていたのです。「私の夫は、ただひとり、死ぬことがないお方。私の富は、ただ一つ、決してなくならないもの。そして私の救い主は、本当の意味で私の命を奪う唯一の病である罪を取り扱ってくださった。しかも、もうずっと前に。私を貧しいなんて、どうして言えるの？」　第二の代弁者は彼女に、最初の代弁者について語り、だから彼女は大きな苦しみの中でも、賛美歌にあるように「心から歌おう　神にあるもの　すべてよしと」[24]と言えたのです。

　そしてそれは、あなたも手に入れることができるのです。第二の代弁者、聖霊は今このときも、あなたに語っているかもしれないからです。彼がこう語るのを聞いてください。「そうだ、イエスがあなたの代弁者だ。彼の姿を見たか。あの美しさに、あなたの信仰をゆだねてみないか」。イエス・キリストの働きを信じるなら、あの裁きの場でさえ、あなたはライオンのように大胆に立つことができるのです。神はあなたを一点のしみも汚れもない者として受け止め、だから、あなたはこう歌うことができるのです。

私が犯した罪の数々　告訴する声激しく響く
身に覚えある　その罪以上に
まだある　数えきれないその罪を
エホバの神は　知らないと言う

これが、イエスがあの二階の部屋で、弟子たちに語っていたことです。イエスが生きている間は失望させたものの、キリストの死後この世界を変える者たちに与えられたイエスからの命綱でした。「わたしを信じ、わたしが去った後に来る聖霊を受けなさい。彼から、確実に勝訴できるわたしの弁明を聞きなさい。そうすれば、あなたに確実な平安が与えられる」。あなたが今、あの弟子たちの後を引き継ぐ者だと自認するか否かにかかわらず、この言葉はあなたのためのものでもあるのです。

第8章　従順な主人

十字架の前夜、ゲツセマネの園でのイエスの経験は、弟子たちの弱さが罪としてあぶり出される興味深い出来事というのが一般的な捉え方でしょう。というのも、園での彼らは、最後の時が刻々と近づいているというのに、これからイエスがどんな経験をしなければならないのか何も知らないでいるからです。印象深い劇的な場面は数々ありますが、しかしあの暗い場所でのイエスの経験は、その合間に流れる間奏ではありません。むしろこの場面は、より詳しい説明が必要です。イエス自身の内面、動機、経験について、これほど鋭い洞察が描かれている聖書箇所はほかにはないほどです。ここでは、なぜ、どうやってイエスが死んだのか、それに対して私たちがどのように応答すればいいのか、十字架の記事を含め、福音書中で最も明らかにされています。

まずはどんなことが起こったのか、その出来事の全体像を、マタイ、マルコ、ルカから見ていきましょう。マタイの福音書による、冒頭の場面です。

それからイエスは弟子たちといっしょにゲツセマネという所に来て、彼らに言われた。

「わたしがあそこに行って祈っている間、ここにすわっていなさい。」それから、ペテロとゼベダイの子ふたりとをいっしょに連れて行かれたが、イエスは悲しみもだえ始められた。そのとき、イエスは彼らに言われた。「わたしは悲しみのあまり死ぬほどです。ここを離れないで、わたしといっしょに目をさましていなさい。」（マタイ26・36～38）

まずイエスが経験した痛みの大きさについて詳しく見てみたいと思います。マタイ、マルコ、ルカでは、その嘆きと悲しみが、私たちが同じような経験をすると想像したらはるかに大きかったことがわかります。マタイは、イエスの言葉をこう記しています。「わたしは悲しみのあまり死ぬほどです」。彼は今その場で、まさに耐えがたい痛みで死にそうだと感じるほどの、内面的心理的な苦しみに悶えています。

もとより、イエスは「悲しみの人」と呼ばれ、その一生には、歓喜というより、涙し、ため息をつく場面が多く見られます。しかし、この重荷は、それよりもはるかに重いものでした。マタイは、イエスが弟子たちの集まりから離れて、ペテロ、ヤコブ、ヨハネを連れて祈るために園に歩いて行ったことを示しています。「イエスは悲しみもだえ始められた」（マタイ26・37、強調筆者）。この変化は、まさに歩いている途中、リアルタイムで、まるで天から降ってきたかのごとく起こりました。死にそうなほどの大きな心理的苦悶だっただけでなく、マルコによると、イエスは驚愕しました。マルコは、「何かに驚かされ、混乱した、激しい感情的な状態」に突き動かされるという意味のギリシア語エクサムベイスサイを使っています。[25] ある英訳ではこの意味を弱めて、単に「深く心悩む」（NIV）と訳しています。これは、もしイエスが自認するとおりの人物（誰よりも前から存在した、地上に来た神の子）なら、どんなことにも驚愕するわけがない、という期待が私たちの中にあるからではないでしょうか。三位一体の第二位格にあたる神が、たとえ人間のかたちをとっているとしても、すべて起こりうる事柄を予想できる存在なのだから、そのようにショックを受けるようなことがあるのか、と。しかし、彼はショックを受けました。あまりの衝撃によろめき、ものも言えぬほど驚いています。祈りに行く途中で、暗闇と恐怖が、想像を超えて彼を襲い、その場で崩れ落ちそうなほどの痛みでした。

この記事が書かれた当時、イエスを信じる信徒たちが死に直面するとき、驚くほど冷静な態度だったことを、福音書の記者は全員知っていたと考えられます。初代教会のリーダーだったステパノが迫害を受けたとき、その顔は輝き、「御使いの顔のように見え」（使徒6・15）、石打ちで殺されるとき、彼らをお赦しくださいと穏やかに祈った（使徒7・60）とルカは書いています。アンティオキアのイグナティオスやポリュカルポスなどの初期のキリスト教作家も、拷問と死に直面するクリスチャンの平静さを指摘しています。ある歴史学者によると、そのように書くことによって、クリスチャン思想家がその信仰を異教徒に奨励するためだと言われています。クリスチャンは異教徒よりも、苦しみや死ぬことに平安があると論じたのです。[26] クリスチャンはライオンの前でも賛美し、諸手を挙げて祈りながら、炎の中に進んで行ったのです。

しかし、イエス・キリストは、その死を前に、自分の信徒たちとは違う反応を示しました。御使いの顔のような輝きは見せません。冷静でも、落ち着き払ってもいません。心に平安がありません。確かにそうだったのでしょう。もしマタイ、マルコ、ルカが、信仰の創始者の姿を浮き彫りにしようとしていたなら、記事を捏造するか、脚色することは考えられても、死を前にして、信徒たちよりも葛藤するキリストの姿を描写するでしょうか。

死を目前にしたイエスの苦悶と恐怖は、なぜそれほど大きかったのでしょうか。その答えは、イエスの死が、それ以前も以後も、誰も経験したことのない死だったからです。

マタイの記事の続きです。


それから、イエスは少し進んで行って、ひれ伏して祈って言われた。「わが父よ。できますならば、この杯をわたしから過ぎ去らせてください。しかし、わたしの願うようにではなく、あなたのみこころのように、なさってください。」それから、イエスは弟子たちのところに戻って来て、彼らの眠っているのを見つけ、ペテロに言われた。「あなたがたは、そんなに、一時間でも、わたしといっしょに目をさましていることができなかったのか。誘惑に陥らないように、目をさまして、祈っていなさい。心は燃えていても、肉体は弱いのです。」イエスは二度目に離れて行き、祈って言われた。「わが父よ。どうしても飲まずには済まされぬ杯でしたら、どうぞみこころのとおりをなさってください。」イエスが戻って来て、ご覧になると、彼らはまたも眠っていた。目をあけていることができなかったのである。イエスは、またも彼らを置いて行かれ、もう一度同じことをくり返して三度目の祈りをされた。
（マタイ26・39〜44）

マタイ、マルコ、ルカは皆、イエスのその夜の祈りの中心が「杯」だったことを記しています。杯は、当時、死刑を思わせました。死刑を言い渡されたソクラテスが毒杯をあおったことからもわかるように、「杯」は一般的な死ではなく、特に刑死を意味しました。この言葉が使用されたのは、自分が処刑されることをイエス自身が知っていたからですが、それだけでなく、さらに深い理由があります。

聖書で「杯」は、死だけでなく神自身の不正や悪に対する、怒りの裁きを指しています。エゼキエル23章では、「恐怖と荒廃の杯……あなたはこれを飲み……自分の乳房をかき裂く」とあり、イザヤ51章では、「憤りの杯……よろめかす大杯を飲み干」す者について書かれています。イエス・キリストが、のちの殉教者たちのように心安らかに死に直面できなかったのは、まさにこの杯に立ち向かわなければならなかったからでした。この杯について語るとき、単に身体的拷問や死が迫っているだけではないことをイエスは熟知していたのです。今まさに、彼は、すべての人間の悪と罪に対する神の怒りを、余すところなく受けようとしていました。神の義による怒りは、私たちにではなく、キリストの上に降りかかろうとしていました。

そして、このほとばしる怒りが、翌日の十字架上で最高潮に現れる（イエスが「わが神、わが神。どうしてわたしをお見捨てになったのですか」と叫んだ）ので、多くの注解者が言うように、イエスはこのゲツセマネの園で、その経験の前味を感じ始めたのだろうと思われます。では神の義による怒りとは実際、どのように感じられるものなのでしょうか。それは、神の不在、という拷問です。Ⅱテサロニケ1・8では、こうあります。「主は、神を知らない人々や、私たちの主イエスの福音に従わない人々に報復されます」。聖書に見られる神の裁きは信じられないほど公平です。当然の帰結です。罪の本質は、つまり、「私の人生に神はいらない」です。そして神の義の怒りの本質は、つまり、そう望んだ私たちの願いどおりにすることです。それほど公平なことは無く、同時に、恐ろしいことも無いのです。聖書によると、私たちすべては神のために形づくられ、神の存在と神との関係を喜ぶようにつくられました。この地上では、神を信じず、神から逃げる者さえ、完全に神から切り離されてはいません。パウロは言います。「私たちは、神の中に生き、動き、また存在しているのです」（使徒17・28）。これは、神を信じていなかった、当時のギリシアの哲学者に向けて語られています。つまり、私たちが聖書の神を認識していなくても、私たちの人生は、目に見えない方法で、神により支えられているのだということです。そして、もし神が、本当にその恵み豊かな支えを、私たちの人生から取り除いてしまうなら、どうなるでしょうか。私たちの魂には永遠に苦悶と崩壊が続くでしょう。私たちの魂は、神の愛と存在のためにつくられているのですから。それは永遠に続く苦悶でもあり、また完全な義でもあります。C・S・ルイスは、『天国と地獄の離婚』で、こう言っています。この人生で神に向かって「あなたのみこころがなりますように」と決して言わない人は、結局は来世で神に「いいだろう、あなたの心がなるように」と言われる、と。神からの自由を求めるなら、その求めどおりになるでしょう。そしてそれは、苦痛をもたらすのです。

園でのイエス・キリストを思い出してみてください。神は、地上に生きる人間として彼に意識ある人のかたちをとらせ、イエスは定期的な祈りと交流を通して父なる神とつながる喜びを感じていました。彼は他の人間とは違って、神の愛を完璧に強烈に共有していたはずです。父なる神との無限で完全な交わりを知っていたはずです。しかし、園に向かう途中、祈り始めようとした矢先、突然、永遠の時の流れの中で初めて、キリストは神との連絡が断たれたのを感じたのです。マルコの福音書について注解書を書いたビル・レーンが園での場面をこう記しています。

杯が自分から過ぎ去るようにという祈りから来る、恐ろしいほどの悲しみと不安は、単に暗い運命を前にしての不安の表れでも、身体的な苦しみや死を思って身じろぎするものでもない。むしろ、父なる神のためにその全人生を通して生きて、なおかつ、罪への裁きに伴う神からの孤立を予想する者が直面する恐怖であり、イエスはその罪をその身に引き受けている……。イエスが来たのは父と一緒になるためである。……裏切りに会う前に、しかし彼の前に天国ではなく地獄が開き、彼はよろめいた。[27]

エゼキエルやイザヤが言っていたことを思い出してみましょう。神の怒りという杯は、体をよろめかせ、内側から焼けるような痛みを生む毒のようなものです。これがイエスに起こり始めます。イエスは祈り始めた途端、深い底を見たのです。父なる神がいない、存在を感じられない、親しいやりとりがない。つまり、天国よりも地獄が目の前に広がったのです。想像できないほど大きかった彼の苦しみを理解するたった一つの方法は、彼が神の子だという事実に気づくことです。例えば友人からの信頼を失うと傷つき痛みを感じるでしょうが、子供や伴侶からの愛を失うなら、はるかに大きな痛みを感じるでしょう。愛情関係が深ければ深いほど、親しければ親しいほど、それが断たれると、身を焦がすような痛みを感じるのです。しかし私の妻との関係は、イエスと父との完璧な愛情関係に比べたら、まさに大海の一滴のようなものです。そして神の子は、大海を失おうとしていました。

さらに、イエスが直面したこの窮地は、神の愛の不在だけでなく、神の怒りの存在ゆえ、今までにないほど厳しく迫っていました。神の愛が人の愛とは比べ物にならないほど大きいように、神の怒りを体験することも、人の怒りに接するよりはるかに厳しいものでしょう。神は全能で、その力は無限です。神のその大きな怒りが私たちに降りかかったらどうなるか、一体私たちは想像することができるのでしょうか。全能の重みとはどれほどのものなのでしょうか。

ルカの福音書ではイエスについて、文字どおり、「苦しみもだえて」（ギリシア語ではアゴーニア、NIVでは「苦悶」）とあります。さらに、彼が祈ると、汗が「血のしずくのように」流れたことが記されています。実際、汗に血液が含まれていた可能性も考えられます。大きなショックを受けた人の皮膚近くの毛細血管から発汗とともに血液がしみ出すことがあるからです。あるいは、身体中から滴り落ちる汗がまるで血のようだった、という意味かもしれません。どちらにしろ、極限状態です。父なる神から引き離されるという、想像を超える苦悶を経験し始めていたのです。だから、地面にひざまずき、懇願したのです。「どうか、そうなりませんように」と。

なぜ、彼はこれほど苦悶したのでしょうか。イエス・キリストは単に普通に人が死ぬように死を迎えようとしていなかったからです。父なる神との完璧な関係を、私たちのために失おうとしていました。私たちの身代わりとして、義なる神の怒りを受けようとしていました。つまり、ジヨナサン・エドワーズによると、こうです。「キリストの魂に起こった葛藤は、この最後の苦しみにおいて、どんな表現も概念も超えた、身の毛もよだつようなものだった」

イエスの苦悶のタイミングについても考えてみたいと思います。神学者ウィリアム・レーンやジョナサン・エドワーズの助けを借りて、私はイエスがこの園で神の怒りの前味を味わっていたと言いました。しかし、特に十字架の直前に、なぜこんな苦しみを味わわなければならなかったのでしょうか。その答えはキリスト教教理でよく見過ごされ、誤解されるものの、実は深い慰めがある部分にあります。

長年にわたって神学者たちは、キリストの働きについて、消極的、積極的（訳者注・神学的には受動的、能動的と言われる）側面を区別してきました。消極的服従において、イエスは私たちが受けるべき罰を受けました。つまり死ななければならない私たちの代わりに彼は死にました。しかし、積極的服従において、彼は私たちが生きるべき人生を生き抜いたのです。[28] 難解に聞こえますが、実はかなり実際的です。

私たちが受けるべき罰を自分自身が受けるため、イエスは十字架に向かった、それが歴史的にキリストの「消極的」働きと呼ばれているものです。神の法に服従しなかった私たちへの罰を、彼は受けたのです。その結果、イエスを信じる私たちは、その罪から来るどのような有罪宣告からも解放されています。しかしキリストが私たちのためにそれしかしなかったのなら、過去の罪に対する罰を受けなくてもよくなったことへの感謝しか生まれないでしょう。あるいは、神がもう私たちに怒りを向けない、という事実に最大限の安堵を覚えるかもしれません。しかしそれは、もはや罰を与えないからといって、親が子の存在を喜ぶかどうかわからないように、神が実際に私たちを愛しているという証拠にはなりません。イエスの消極的な働きしか信じないなら、自分が「本当に神の前に正しい」かどうかだけでなく、ちょっとでも間違えたら神の愛を失うのではないかという、大きなプレッシャーと恐れに常にさらされることになります。赦されたことはわかるけれど、愛されているかどうか確信できない状態です。

しかし、イエスは、その身に消極的に罰を受けただけではありません。その人生すべてにおいて、そして死を直前にして顕著に見られるのは、神の律法がはっきりと要求することさえ達成したことです。それがイエスの「積極的」な働きです。イエスは、神の律法が私たちに重くのしかかる、その呪いから解放されるために代わりに死んだだけでなく、神から祝福される愛と忠実に満ちたすばらしい人生を生きました。彼ほど全身全霊をもって神を愛した人はいません。イエスほど、完璧な、満ち満ちた、犠牲を伴う愛をもって隣人を愛した人はいません。そのような人生を生きた人が受けるべき報いは何でしょうか。神からの大きな祝福、賛美、栄誉でしょう。神からの完全な愛と喜びでしょう。そして、イエスは私たちの代わりに、神の律法を消極的だけでなく積極的に達成したので、私たちが受けるべき罰をイエスが受けただけでなく、イエスが受けるべき神からの報酬を私たちが得るのです。驚くべきことに、救いを通して、恵みの上に恵みが積み重ねられて与えられるのです。

それが、ゲッセマネの園でのイエスの苦悶とどのような関係があるのでしょう。それは単にイエスの消極的服従の始まり、私たちの代わりに死ぬというプロセスの始まりというだけではなかったでしょうか。いいえ、それよりももっと深い意味がありました。

何かを抽象的な概念として知るということと、全人格的に実感することには大きな違いがあります。私たちは経験から、歯医者の治療は痛いのだと知ってはいても、予約して談笑しながら席に座ります。しかしドリルの音がして初めてこう思うのです。「ああ、そういえば歯医者ってこうだった。来なければよかった」。ではもし、まだ家にいて予約するかどうか迷っているとき、実際のこの治療の痛みを一、二分実感できるとしたらどうなるでしょう。世界中の歯医者が廃業してしまうでしょう。

今までイエスは、何が起ころうとしているか確かに知っていました。常に、弟子たちに、自分が来たのは苦しみを受け、死ぬためと言ってきました。以前、カナでの婚宴のときに、この夜が影として示されていることを学びました。ラザロをよみがえらせたときも、それが十字架をもたらすきっかけだったことをイエスは知っていました。しかし、園に入って来たときイエスが実感した驚きは、まさにそのときにだけ、これから自分の身に起ころうとしていることを身近に実感したことを表しています。翌日公の場で、十字架にかけられたら、もうその宿命から逃げられません。しかし、今この暗闇の中で、弟子たちが眠り呆けている間に、簡単にそっと抜け出すこともできたそのときに、父なる神は、イエスがこれから向かおうとしているものが、何のためかを思い起こさせたのです。ジョナサン・エドワーズが「キリストの苦悶」という説教で言っているように、「それは、キリストがこの命令の難しさを全面的に初めて真正面から見させられた瞬間だった。だから、あまりの大きさに血のような汗が流れたほどだったのだ」。園でのこの経験の後に十字架に直面したイエスは、まさにどんなことが自分に降りかかるのか、鮮明な実感をもって向かったのです。だからこそ、イエスの行動は、父なる神に対して、また仲間である人間に対して、史上最も偉大な愛の行動と言えるのです。愛を示すために、このような苦しみに直面しなければならなかった人は誰もいませんでした。つまり、このように愛した人は誰もいなかったのです。エドワーズはこう言っています。

イエス・キリストの苦悶は、鮮明で、眩しいほどの、十二分に、また直接的に表された神の怒りによるものだった。父なる神は、キリストの前に、いわばネブカデネザル王の用意した燃えさかる炉よりも、さらに恐ろしい杯を差し出した。キリストは、今、まさに自分が放り込まれようとしている炉の中を覗き込んだかのようだった。立ち上がって見たその燃え上がる炎と、温度が上昇する熱を感じ、今から自分が行く場所と、受ける苦しみを予想できたのかもしれない。彼は、まさに「恐怖と荒廃の杯……を飲み、……自分の乳房をかき裂く」とのエゼキエルの言葉を感じた。「憤りの杯を飲み、よろめかす大杯を飲み干した」というイザヤの言葉を実感した。キリストは、恐ろしい怒りの炉に投げ込まれるばかりだった。しかし、その炉がどれだけ恐ろしいかを知らず、目隠しをされて身を投じなければいけないとしたら、それは適切ではなかった。だからこそ、神は、中を覗き込み、凄まじく燃え上がる炉の炎の光景を見て、これから身を投じようとしている場所がどんな様子かを知ったうえでなお、自発的にその中に入り、私たちのために耐えるようにと、彼を炉の入り口まで連れて行った。もしイエス・キリストが、杯を受け飲み干す前に、それが何なのか十分に理解していなかったとしたら、人としての、適切な、彼自身の行動にはなりえなかった。しかし、自分の行動が何を示すのかを承知したうえで取った杯なら、私たちへの彼の愛は限りなくすばらしく、また神への服従も限りなく完全である。

神はイエスの前に杯をおきました。いわば、今なら逃げられるようなそのときに、その杯の香りを嗅がせ、ちょっとだけ味わわせたのです。つまり神はこう言っているかのようです。「これが今からあなたが飲もうとしている杯だ。これが今からあなたが入れられようとしている炉だ。

あそこで眠っているあなたの友人たちが見えるだろう。彼らが救われるためには、ほかに方法が無いのだ。彼らが死ぬか、あなたが死ぬかのどちらかだ。炉の熱の高さがわかるだろう。あなたが耐えなければならない痛みや苦しみも想像できるだろう。あなたは、このまま進んでこの杯を取るほど、彼らを、私を、十分に愛しているだろうか」

エドワーズはイエスが、最もその支えを必要とした時間にも眠ってしまっていた弟子たちを見て、完全な義と保証をもってこう言えたのではないか、と言います。

永遠に父なる神との愛の喜びに生きてきたわたしが、なぜ、わたしには何も返せない彼らのために、自ら進んであの炉に投げ込まれなければならないのだろう。なぜわたしが、わたしに愛もなく敵でもある彼らのために、このように神の怒りの重みによって打ち砕かれなければならないのだろう。わたしと一つになる価値は、彼らには今も、今までも決してなかったし、これからも、わたしに認められようとどんなに努力しても、決して得られないだろう。

彼はまさに、こう言うことができましたが、言わなかったのです。それは、彼の心からの言葉ではなかったからです。その代わり、こう言いました。「あなたのみこころがなりますように」。エドワーズはこうまとめます。「彼の悲しみはあふれんばかりだったが、その愛はそれよりももっと豊かだった。キリストの魂は嘆きにあふれていたが、それは、罪人への心からのあふれる愛から来ていた。それは世界を覆い尽くし、どんなに高い罪の山々をも覆うほどだった。あの偉大な血の滴が地面に落ちたのは、キリストの心にある愛の海の顕《あらわ》れなのだ」

　前述したように、これは単に史上最高の愛の行動だっただけではありません。それは、神への最も驚くべき、完全な服従という行動でもあるのです。この世界の初めにも園があり、一つの命令がありました。神はアダムとエバを園におき、彼らはある木の実は食べてはいけないと言われていました。命令はこうです。「木の実についてはわたしに従いなさい。そうすれば、あなたは生きられる」。つまり、わたしに従いなさい、そうすればあなたを祝福するという意味でした。しかし、彼らは従いませんでした。そして今、もう一つの園に、第二のアダムがいます。[29] そして、もう一つの命令があります。イエス・キリストは、父なる神から、もう一本の木である、十字架に向かうよう送られました。[30]

　つまり、アダムへの神の命令は、全人類への神の命令の原型と言えます。神は、さまざまな方法で、いつもこう言います。「わたしに従いなさい、そうすればわたしはあなたを祝福しよう。そうだ、わたしは、あなたとともにいる」。しかし、ここに例外があります。神は人間に、例外的なことを一度だけ言いました。それはイエスという人間に対してです。第一のアダムには「あの木についての命令に従いなさい。そうすれば祝福しよう」。そう言ったのに、アダムは従いませんでした。しかし、第二のアダムであるイエスに対して神は、「あの木についての命令に従いなさい。そうしたら、あなたを打ち砕く」と言うのです。それでもイエスは従いました。イエスは服従が呪いをもたらす、と言われた、歴史上たった一人の人物です。父なる神が言っているのは、つまりこうです。「わたしに従うなら、わたしに忠実なら、あなたを見捨てよう。あなたを見放し、魂を地獄に送ろう」。それでもイエスは従いました。死ぬとわかっていながら、父に見捨てられながらも、彼は「わが神」と呼んだのです。これは聖書では、契約の言葉で、親密さを伝える呼び方です。見捨てられようとしていたのに、イエスはそれでも従おうとしていたのです。詩人ジョージ・ハーバートは、再び十字架をあの木に見立て、第一のアダムの不服従が、第二のアダムであるイエスの服従をいかに難しく、苦しいものにしたかを、見事に表しています。ハーバートはイエスが十字架からこう語っていると想像しました。

通りがかる者みな　立ち止まり見よ
人は実を盗り　わたしは登る
彼らのための　いのちの木
たった一人で　わたしは登る
わたしの嘆きを　誰も知らない

さてここで、あの深遠な、イエスの消極的、積極的服従について、もう一度見てみましょう。私が死ぬべき罪の代わりにイエスが死んだというだけなら、父なる神に赦されただけでなく、深く豊かに愛されてもいることを確かめたい場合、道徳的に正しい人生は私自身の努力にかかっている、と感じてもおかしくありません。私の罪は赦された、しかし神の私に対するその他についての積極的な好意は、これから私がどう生きるかにこそかかっていると考えてしまうからです。

しかしイエスは、私の代わりに死んだだけでなく、私の代わりに生きてもくれたのです。スコットランドの牧師、ロバート・マーレー・マクチェインは、かつてよく、こう言っていました。イエスは死にゆく救い主なだけでなく、生き抜いた救い主でもあったと。私たちが彼を信じるとき、その恩恵を受けるのは、彼の死からだけではありません。私たちの罪が赦されただけでなく、イエスの服従からの恩恵も受けるのです。つまり、彼の犠牲だけでなく、義も私たちのものにされている（神学では、経済用語である「帰属させる」という言葉を使う）ということです。Ⅱコリント5・21には、こうあります。「神は、罪を知らない方を、私たちの代わりに罪とされました。それは、私たちが、この方にあって、神の義となるためです」。私たちがイエス・キリストを信じるとき、私たちは義とされるのです。服従している、と見なされるのです。私たちは、自分の代弁者キリストのように見てもらえるのです。イエスが死んだように私たちも死んだ、というだけでなく、イエスが生きたように、私たちも生きている、と見てもらえるのです。

イエスの行為の美しさ、力強さを見てください。あの勇敢さ、あれほどの愛と犠牲は、どれほどの名誉に値するでしょうか。そしてその名誉こそ、あなたがイエスを信じるときに与えられるものなのです。

何年か前に見た刑事ドラマで、八十代の元海兵隊員が犯した罪を責められ泣き崩れるシーンがありました。大柄でがっちりした憲兵隊員二人と、糾弾する海軍弁護士は、彼を逮捕しに来ていました。事務的に逮捕することを彼らが誇らしげに宣言すると、突然老人の友人が一人近寄り、彼のネクタイを持ち上げました。そこには、何十年も前、硫黄島での彼の功績に与えられた最高名誉勲章がありました。気づいた弁護士と憲兵隊員は、その勲章を驚いて見つめました。そして敬礼したのです。もちろん彼個人に敬意を表したのではありません。目の前にいるのは犯罪者で、他にも多くの失敗を抱えて生きてきた人間です。しかし、その勲章ゆえに、つまり彼自身の犠牲的な行為だけでなく、何世紀にもわたって表されてきた、多くの軍人たちの勇気をも象徴している勲章だったので、彼は敬意を示してもらえたのです。

これは、キリストの積極的な服従、という視点から私たちに起こることのほんの一例です。私たちは、単に刑務所から出所でき、街までの無料バス乗車券をもらえただけの囚人ではないのです。いいえ、囚人でしたが、今は最高名誉勲章を授けられ、それに伴うすべての権利と利益を与えられたのです。私たちは単に、赦され自由にされただけでなく、愛と喜びも与えられたのです。それこそ、イエスの積極的服従によって与えられるのです。そして罪のない人生を生きることで神に服従していたにもかかわらず、キリストの積極的服従は、このゲツセマネの園で途方もない挑戦を受けているのです。だからこそ、引き返すことができる時点での、この挑戦に対する彼の凛とした応答に注目することが大切なのです。

それでは、これらすべてが、私たちにとってどんな変化をもたらすでしょう。私たちが決して経験しないような苦しみを受けたイエスをどのように理解できるでしょう。

まず、園でのイエスは、他に類を見ない一貫性を見せています。暗闇の中で、誰も見ていないところで、誰もしたことのない最大の試練に招かれているのを知ってもなお、イエスは正しい選択をしました。暗闇でもプライベートでも、翌日の公の場での姿勢と同じ生き方です。ここで皆さんに質問します。暗いところと、明るいところでは、あなたは同じ人間ですか。プライベートと公の場でのあなたは同じ人物ですか。それともあなたは二重の生活を送っていますか。

次に、イエスは一貫性がある、というすばらしい模範であるだけでなく、すばらしい祈りの模範でもあることが示されています。イエスについて、一番仰天させられることは、自分の感情や欲求について恐ろしいほど正直であるのと同時に、神の意志に全く従順であるという点です。彼は正直です。信心深い様子を装ったりしません。神の子が父なる神に三回も、救いの計画に携わることを、できれば避けたいと願ったのです。隠し事は全くありません。それなのに、彼は、ためらうことなく「わたしのではなく、あなたのみこころがなるように」と言っています。祈りの基本的な目的は、神の意志を自分の願いへ曲げることではなく、自分の願いを神の意志に溶け合わせることです。イエスはそれほど神中心だったけれど、同時にあれほど人間的で正直です。これを参考に祈ってみてください。感情を押し殺すとか、感情に支配されることがあってはいけません。ほとんどの人が、どちらか一方はするものの、両方ともはしていないのです。

三番目に、人に対する驚くほどの忍耐の模範を、この園で見ることができます。マタイの記事では、弟子たちのもとに戻って来たイエスが、こうも言います。「あなたがたは、そんなに、一時間でも、わたしといっしょに目をさましていることができなかったのか」（マタイ26・40）。今にも砕かれるような重みに耐えている人が、友人たちに少しの間だけでも支えてほしいと願ったのに、眠りこけている彼らの姿を見つけたのです。これ以上ないほどに落胆させられたのに、彼は何と言ったのでしょう。「心は燃えていても、肉体は弱いのです」（マタイ26・41）。驚くべき言葉ではないでしょうか。弟子たちを、ある程度認めてさえいるのですから。彼はこう言っているのです。「がっかりしたけれど、悪気がないのはわかっているよ」。苦悶する只中でも、友人に肯定的な言葉をかけてあげることさえできるのです。その夜、弟子たちに二十ほどの間違いと指摘すべき点があったとしても、たった一つか二つの正しい点に注目し、それを取り上げたのです。

「世にいる自分のものを愛されたイエスは、その愛を残るところなく示された」（ヨハネ13・1）のです。

ただし、イエスは、生き方、祈り方、人との関わり方についてのすばらしい模範ではありますが、私たちにとって単なる模範だけではないことを覚えるべきでしょう。というのも、あまりにも完璧すぎて、かえって私たちには励ましにならないからです。彼という基準に到達できる人など誰もいません。イエスは模範になるためだけでなく、救い主になるためにこの世界に来たのです。私たちを内側から変え、少しずつ、しかし確かに、彼に似た者にさせていくためです。どうやって生きればいいか教えるだけではありません。そう生きるための力も与えるのです。ここで生じるのは、模範ではなく身代わりとして見るときだけ、イエスを模範として生きる力が実際にもてるようになる、という逆説です。

どうやってでしょうか。園での彼を見てください。その行動はすべて、模範としてだけでなく、あなたの身代わりとして、なのです。それを知ることで、彼の苦しみが、あなたのものになります。そうすれば、あなたは新しい力を得て、自分自身の試練に立ち向かい、大きな損失を伴う自己憐憫や優柔不断から抜け出すことができるのです。想像してみてください。例えば、イエスの顔に近づけた杯をゆっくりと回しながら「本当に、あの人間たちのために受けるのか」と神が問うと、イエスが「はい」と答える姿を。あなた自身が「何てひどい杯を受けなければならないのだ」と自分を可哀想に思うたびに、自分自身にこう語りかけてください。「彼の杯に比べたら、自分のこの杯など何でもない！　自分が直面していることは、彼の経験に比べたら取るに足りない」。するとこのような祈りが生まれるでしょう。「主よ、あのはかり知れない苦しみを、あなたは私のために忍耐してくださいました。だから、比べ物にならないですが、このささやかな苦しみを、あなたのために忍耐します」

キリストの積極的服従という教えは、また、あなたの自尊心をつくり変え、新しい心の安定、平安を与えてくれます。イエスはあなたをただ赦しただけでなく、「最高名誉勲章」を胸につけてくれたのです。彼を信じるとき、あなたは赦されるだけでなく、神にとって美しく、神にあって正しい存在へと変えられるのです。

では批判や失敗にどう対応しますか。それには私たち自身というより、キリストにある私たちを見ることが重要です。私たちは失敗すると、すぐに名誉挽回を図ろうと右往左往します。つまり、自分を認めてもらおうと奔走し、自分を美しく正しく価値あるものにしようと試みます。もちろん、以上のようにあからさまな言葉では表現しないでしょう。しかし自分にあるのはイエスによって与えられた価値や正しさなのだとは認めず、しかしなお価値があり、礼儀正しい者だと感じたいし、またそのように振舞ってしまいます。もし本当にキリストにあって、神が私をどう見ているのか理解できたら、批判も失敗も落ち着いて受け止めることができるでしょう。

しかし、この箇所から学べることは、もう一つあります。こう言う人もいるでしょう。「キリストには従います。でも、従いきれるとは到底思えません。自信がありません。何度も失敗する私に、キリストは呆れるんじゃないでしょうか」。だとしても、園でのイエスを見てください。彼のあなたへの愛はもうすでに、あなたのために忍耐するほど強かったのです。苦しみと十字架に背を向けたなら、私たちは失われたままだったでしょうが、彼はそうしなかったのです。地獄が彼をのみ込んでも、彼は私たちを見放さなかったのです。私たちへの彼の愛は、すでに世界中が投げかけるすべてのものを受け止め、しっかりとつかみました。それでも、あなたは、どこか自分は彼を喜ばせない者だと考えるのですか。イエスがあなたを見て、「もう限界だ！　あの果てしなく続く激痛だけで、忍耐はもう十分だ」とでも言うのでしょうか。

あの杯さえ、彼に私たちを諦めさせることはできなかったのなら、他の何も私たちを彼から引き離すことはできません。パウロはそれを本質的にこう言っています。「そのほかのどんな被造物も、私たちの主キリスト・イエスにある神の愛から、私たちを引き離すことはできません」（ローマ８・38～39）。主はこう言います。「わたしは決してあなたを離れず、また、あなたを捨てない」（ヘブル13・５）

これこそ、あなたが今までずっと探し求めていた愛です。これこそ、唯一、あなたを失望させない愛です。まるで防弾ガラスのような愛です。友情から感じる愛でも、人から称賛されることで得られる愛でも、結婚における愛でも、恋愛の愛でさえありません。そういったものを追い求めてきたあなたの根底で、実はずっと追いかけてきた愛なのです。そしてこの積極的服従の愛が、あなたの日常にリアルに働くようになるとき、あなたは人として一貫した存在となるのです。祈る人、あなたに悪を犯す他者にさえ愛を示す人になるでしょう。この愛を手に入れれば、あなたは、わずかながらでも、彼に似せられた者になるでしょう。あの暗闇であなたのために死を選んだ彼を見てください。その愛があなたを溶かして、あなたを彼のようにしてくれますように。

第9章　父の右腕

いよいよ本章では、イエス・キリストが、地上での人生の終幕を迎えます。天国の父なる神の右の座につくため、イエスが昇天する場面です。聖書の数ある印象深い場面の中でも、一番不可解な場面ではないでしょうか。もちろん、まず昇天そのものが、目の前で目撃した弟子たちにとって困惑させられる事件でした。彼らが直接見た奇跡の中でもおそらく最も意外な展開だったことでしょう。使徒の働き1・9〜11には、こうあります。「こう言ってから、イエスは彼らが見ている間に上げられ、雲に包まれて、見えなくなられた」。イエスが空高く引き上げられていくのを、弟子たちは、ただただ、ぽかんと見続けるしかありませんでした。鳩が豆鉄砲を食ったように、何が起こっているか皆目見当がつかない様子です。「イエスが上って行かれるとき、弟子たちは天を見つめていた。すると、見よ、白い衣を着た人がふたり、彼らのそばに立っていた。そして、こう言った。『ガリラヤの人たち。なぜ天を見上げて立っているのですか。あなたがたを離れて天に上げられたこのイエスは、天に上って行かれるのをあなたがたが見たときと同じ有様で、またおいでになります。』」天を見つめていた弟子たちが何を考えていたかけよくわかりませんが、二人の天使が彼らを優しく諫めます。まるで、「さあ、気を取り直して！」と言っているかのようです。「彼は行ってしまったけれど、また帰って来る。でもそれまで、君たちにはやることがある。さあ、仕事に取りかかろう」。ここで明らかなのは、昇天が起こったまさにそのときから、弟子たちには全く意味がわからなかった、ということです。

イエスの昇天は、私たちにとっても不可解です。そしてさらに「何が起こったのか」よりも「なぜそれが起こったのか」が重要です。また私たちの魂の状態や生き方は、どんな影響を受けるでしょう。「下る」（訳者注・キリストの顕現、人としてこの世に来ること）ことがあるなら、「昇る」（訳者注・キリストの昇天、天に帰る）こともあるでしょう。それなのに、昇天が私たちの救いや生き方に影響を与えることは、すぐにはよくわからないのです。

ですが実際は、驚くほどの違いを生み出します。昇天という概念を理解すると、私たちがこの世で生きていくうえでかけがえのない、重要な理解になります。他のどんな宗教も哲学も提示できない、人生の目的の源です。そういうわけで、昇天について弟子たちが最終的に理解し書き記した箇所を新約聖書からいくつか見ていくことにしましょう。まず、神学的に昇天とは何か、次に実際どのように私たちに適用できるかです。

まず、昇天とはそもそも何でしょう。それは、イエスが単に地上から天に帰ったというだけのことではありません。むしろ、イエスとの新しい関係に、私たち、そしてこの世界を招き入れるための、イエスの即位式とも言えるものです。

では、逆に何が昇天ではないか、について考えてみましょう。昇天は、単にイエスがこの地上からいなくなった、というだけではありません。天に昇った、というよりも、天国に入った、のです。一九六一年当時のソビエト連邦書記長が、宇宙で神は見えなかった、という自国の宇宙飛行士の言葉から、神はいないと断言した話があります。それは、つまり昇天を、物理的高度を上げただけで、キリストや父なる神は、宇宙のどこかに存在すると理解しているのです。詩篇19篇にあるように「天（太陽、月、星）は神の栄光を語り告げ」ますが、イエスは星や惑星のある天に行ったのではありません。天国に行ったのです。それはどこか天体の軌道に乗るといったレベルとは違います。

それどころか、まずは「昇る」（ascend）という言葉から、調べたほうがいいかもしれません。これは明らかに飛行機のように上の方に行くことを意味していますが、それを人に当てはめて使う場合、少し注意がいることも一般的に知られています。例えば、「彼は梯子に昇った」と言えなくもないですが、かなり大げさな表現で、通常は（わざとでなければ）ほとんどの場合使いません。だから「彼は梯子に登った」「上った」（climb, went up）と表します。（訳者注・日本語ではそもそも「昇る」の主体は、人ではなく、ものやもの全体が使われるのが一般的）かたや、この「昇る」（ascend）は、英語では戴冠式などでよく使われる言葉です。公に王位が継承されるとき、即位式が行われ、即位する人物が文字どおり演壇に一段ずつ昇り、上位にある王座に座ります。これは「王位（皇位）に昇る」と言えます。即位した者は、物理的に他の人よりも高い位置にいるだけでなく、他の者との新しい関係に入り、権威を行使するための新しい力と特権を得るのです。高い位置にある演壇や王座は、それを象徴しているのです。

ロンドンのウェストミンスター寺院には、エドワード王の王座があります。八百年もの間、イギリスで戴冠式に使われてきた王座です。例えば、あなたが演壇に昇り王座に座ったとしても、王としての地位が与えられるわけではありません（寺院の外に追い出されはするでしょうが）。王座に昇る、とはつまり、物理的に体が上昇することではありません。（もちろん式典中、物理的上昇はありますが）むしろ、法的な地位と、関係性の変化を表しているのです。つまり単に演壇に昇り王座に座っても王室の一員にはなれませんが、逆にその古い椅子に座らなくても、王室の一員になれる場合もあります。

イエスが父なる神のもとに帰りたかったのならば、単に消え去るだけでもよかったでしょう。エマオへの途上のように、いきなり弟子たちの目の前からいなくなることは、これまでも何回かあったのです。しかし、昇天の場面では、まさしく目の前で雲の上に昇って行き、その姿は大空のはるか向こうに見えなくなりました。なぜそんな方法をとったのでしょう。推測ですが、それは私たちが戴冠式をするのと同じ理由ではないでしょうか。物理的な上昇は、権威と関係性の上昇を象徴していました。イエスは宇宙的、霊的なレベルで起こっていることを、物理的に表現していたのです。

つまり、完全に神でもあり、人でもある特殊な存在として、キリストは、新しい王、人類の長としての地位につこうとしているのです。まさにキリスト教神学が、私たちの思考と想像の限界を突きつけるような場面です。

永遠の神の御子が「肉体を持ち」、完全な人間になりました。人として、怪我や死を経験する弱さに加え、物理的に、ある一定の時間と場所にしか存在できない、という限界もありました。復活後でさえ、イエスはその体を触らせる、とか食事することさえできました。イエスは、自分が人間としての特徴を備えていることを見せ、「霊ならこんな肉や骨はありません。わたしは持っています」とルカ24・39で言っています。しかし、その彼は、以前よりも変化していました。鍵のかかった部屋を通り抜け（ヨハネ20・19）、目の前から見えなくなることもありました（ルカ24・31）。人間でありながら、その特徴は一新されたのです。そして、それが私たちの将来の姿でもあります。イエスは、パウロが言っているように「眠った者の初穂」です（Iコリント15・20）。彼を信じる者は、最終的に彼のようによみがえるのです。人としての体を持ちますが、それは罪と悪が私たちを破壊する以前の状態まで修復されるだけでなく、さらに充実した姿になります。衰えや死を体験する必要がない体です。私たちが今想像できるより多くの、新しい力や感覚が与えられる体です。

しかし、昇天が与えるもう一つの変化があります。人としてのイエスは、この世界での空間と時間に存在している間、一定の時間と場所にしか存在できませんでした。彼の話を聞きたい、彼と知り合いたい、彼の存在を実感したい、と思うなら、その時間その場所にいなければなりませんでした。しかし、昇天によって、空間と時間の連続性を離れ、父なる神の存在そのものに移されました。イエスは人であり、私たちにとって第二のアダム（Iコリント15・22）で、私たちの代弁者ですが、大きな栄光を与えられた彼は今や、すべてを宇宙的規模で行う力をもっています。ある賛美歌の歌詞に「イエスの傷あと　光り輝く　天から受ける　栄光映して」[31]とあります。ルイス・ベルコフは著書『組織神学』で、こう書いています。「（キリストは）天の栄光に満ち、天国で生きるにふさわしい姿に、完全に変えられた」[32]。結果、時間と空間の限界に全く影響されずに働けるようになったのです。私たちは、彼の話を聞くために、わざわざ物理的にある場所に居合わせなくてもよくなりました。その働きは以前と同じですが、昇天した後の今では、誰にでも、どこにでも、そして同時に、働きかけています。私たちのキリストとの親密性や、キリストの指導力、あるいは代弁者としての機能が、昇天によって失われたわけではありません。むしろ、それらすべてが、以前にも増してさらに、また永遠に得られるようになったのです。

神学的に言うなら、イエスは今や（天国から）世界中で「積極的に、その仲介者としての役割を果たし続けている」[33]のです。彼は今でも、私たちを聖書の言葉によって教え導く預言者ですが、今はいたるところで聖霊を通して、その働きを続けています。私たちの王ですが、今はその民に与える聖霊の賜物を通して、キリストの教会全体を導き教えます（エペソ４・４〜16）。つまり、指導する、気にかける、教える、管理する、与えるなどの賜物をもった人たちを通して働くのです。そして、私たちに助言を与え、私たちを支える祭司ですが、今はさらに父なる神の真正面に立ち、私たちを弁護しています。

マタイ26・64と使徒２・33〜36では、昇天は、イエスが「父なる神の右の座に着いている」ことと説明されています。当時、王座の右につく者は王の権威と法を実行する行政府の長としての身分を与えられていました。つまり、イエスは、その職務に就くために昇天したとも言えるのです。しかし、昇天が即位式だというこの考えには、明確にしなければいけない点があります。イエスは今まで、いつでも王でした。彼自身が神なので、いつでも私たちの上に権威をもって立ってきました。しかし、昇天し、復活した、人であり神でもある方は、教会の聖なるかしらとしての働きを始め、他のすべての支配者や権力にさえ、権威をもって立つ、という点です。まさに「いっさいのものの上に立つかしらであるキリストを、教会に……」（エペソ１・21〜22）とあるとおりです。キリストは、特に、死の前夜、弟子たちに詳細に示した聖霊の働きを通して、その権威を行使します（ヨハネ14〜17章）。それはまた、歴史のすべてを支配し、治め、その終わりへと導いているということです。終わりとは、教会と、新しい神の民がついに完全に解放され、彼らとともに、世界すべてが新しくされるときのことです（ローマ8・18以下）。そしてそのときには、イエスの救いと修復の働きが完全にされるので、もはや苦しみも悪も死も消え去るのです。簡潔に言えば、イエスは広大な移行計画を指揮しているのです。それは新しい天と地をもたらす計画です（イザヤ65・17〜25）。昇天した主として、彼は福音というよい知らせを広め、人々の心に働きかけながら、その教会を建て上げ、その一方で歴史上起こるすべての事柄を栄光に輝く結果へと導くのです。

以上が、昇天とは何かについての説明です。しかし、それが私たちにとって、実際どんな意味があるのでしょうか。私たちの日常にどのような影響を与えるのでしょうか。ここでは語りきれないほど、また調べきれないほどですが、重要な点を三つ見てみましょう。

まず、昇天したキリストは、愛あるコミュニケーションと関わりをもてる存在だということです。本書第5章で見たように、マグダラのマリヤは、空の墓の近くで、復活したキリストに出会ったとき、彼にすがりつこうとしました。この行為について再度見てみましょう。

マリヤがイエスにすがりついたとき、イエスは彼女に「わたしにすがりついていてはいけません。わたしはまだ父のもとに上っていないからです」（ヨハネ20・17）と言いました。どういう意味でしょうか。イエスが「わたしに触ってはいけない」と、まるでイエスが自分の聖性を強調しているかのように捉える人たちがいます。同じ章の後半でイエスがトマスに自分を触るよう招くことからわかるように、この考えには問題があります。ではどうしてイエスはそんなことを言ったのでしょうか。

「わたしにすがりついていてはいけません」という言葉で使われた動詞は、ぎゅっと握りしめるという意味の言葉です。マリヤは全力でイエスにしがみついたのです。おそらく、先生が亡くなり、あれほどの大切な関係を失い落胆していたところに生き返った彼が現れ、もう二度と失いたくないと思ったのでしょう。

しかし、そこに彼女の誤解がありました。イエスが「わたしにすがりついていてはいけません。わたしはまだ父のもとに上っていないからです」と言ったのは、イエスが昇天した後、それまで以上に強い愛の関係への扉が彼女に開かれるからでした。なぜでしょうか。昇天して初めて、イエスはもう決して彼女のもとを離れない、彼女の心にいつもいられるようになるので、マリヤにとって一時すがりついているだけの存在にならなくなるからです。私が思うに、彼はこう言いたかったのではないでしょうか。「マリヤ、先生でもあり友人でもあるわたしを二度と失いたくない、という気持ちはわかるよ。だけど、何が起こっているのかよく考えてごらん。わたしが天に昇ったら、それこそ、あなたはわたしといつも、永遠にいられるようになる。今のような姿のままだったら、マリヤ、あなたはもう一度わたしを失うかもしれないよ。もしあなたが牢屋に入れられたら、わたしはそこにはいないだろう。でもわたしが父のもとに昇ったら、わたしはずっとあなたのものだ。もしあなたがどれほど暗くて深い地下牢に入れられたとしても、わたしはあなたとそこにいられる。それほどの親密さだよ。それほどの関係をもてるようになる。どんなものも絶対に、わたしをあなたから引き離すことはできない」

聖アウグスティヌスは、それをこのように言っています。「あなたは私たちの目の前から昇天し、私たちは嘆きながら背を向けた。私たちの心にあなたを見つけるためだけに」[34]。イエスはマリヤにこう言っています。「手を離してもいいよ。あなたがつないでいられるわたしの手より、もっといいものをあげよう。わたしの心を、あなたの心に与えよう」

感傷的に聞こえるのはわかっています。映画やポップソングに出てきそうな言い回しですから。こんなふうに使われると、恋愛小説か何かだと思われがちです。しかし、イエスが昇天で成し遂げたことは、恋愛小説の一場面どころではありません。彼こそ、私たちと永遠にいるという約束を守れる唯一の存在で、その約束は、恋愛の喜びとは比べ物になりません。聖書は、全世界の王座につくイエスが、その力を使って、彼に向かって「わたしたちの心をひき上げ」[35]たと、教えています。エペソ2・6では、クリスチャンは、キリストによって一つにされているので、不思議ですが、私たちはすでにキリストと「ともに天の所にすわらせて」もらっているのです。少なくとも、これは聖霊を通して、私たちの心、つまり最も深い欲求や心から慕い求めるものが、キリストにあって力強く取り扱われ、満たされる、ということです。まさに、力強いのです。十八世紀の偉大な牧師、神学者であるジョナサン・エドワーズは、彼の祈りと黙想の生活を描写した「個人的な物語」を書き記しています。

　私は以前頻繁に、ハドソン川のほとりや、都会から離れたところに一人で行き、神について思い巡らす時を過ごしていた。神との秘密の語らいだ。そこでの時間はすばらしかった。……そのとき、また他のときにもよく経験したのは、どんな本よりも聖書に見られるこのうえもない喜びだ。読んでいる間に、一つ一つの言葉が私の心に触れるのをよく感じた。私の心の中の何かが、その甘く力強い言葉の数々と一致するのを感じていた。どの節からもすばらしい光が見られるような思いが、しばしば与えられた。そういう心洗われるような心の養いを経験すると、ただ読むという行為だけに満足できなくなった。つまり、その中にある不思議を調べるため、一つの節にとどまって長く思い巡らすようになったのだが、ほとんど、どの節も、さまざまな不思議に満ちていた……[36]

　また、エドワーズがキリストとの関係で、最も親密だったときのことを書いた記事があります。

あるとき、養いのため馬を駆って森に入った。一七三七年のことだったが、いつものように、誰もいないところに来ると馬から飛び降りて、神を思い巡らす祈りの時をもつため歩き出した。すると、見たこともないような景色が目の前に広がった。神と人との間の仲介者である神の子の栄光、そして彼のすばらしい、偉大で、純粋で甘い恵みと愛、そして素直で穏やかな謙遜を見た。この恵みは、静かに甘く現れたが、同時に天から力強く現れたものでもあった。キリストという人は、言い表せないほど優れていて、私の考えや想いのすべてをのみ込むほどだった。それは、一時間ほど、私が我に帰るまで続き、その間ずっと私はあふれる涙を止められないほどだった。どう説明したらいいかわからないが、魂が熱くなるのを覚え、自分が空っぽになり、圧倒されたような心持ちだった。それはまるで、何もない汚れた自分がキリストだけに満たされたような感覚だった。私がキリストを心からの愛で誠実に愛し、信頼するため。彼によって生き、仕え、従い、神の天からのきよさによって全くきよく、純粋にされるために。私は、これと似たような景色を何回か見たことがあるが、そのたびに同じような気持ちになった。[37]

これを読んで「まあ、いつでも特別な聖人はいるからね。これほどイエスを身近に感じられるのは、彼が特別な人だったから」と思いますか。だとしたら、あなたはまだ昇天の本当の意味を理解していません。パウロは、クリスチャンであるしるしを、キリストの愛が「私たちの心に注がれている」（ローマ5・5）こと、としています。また、イエスが「神の右の座に着き、私たちのためにとりなしていてくださる」（ローマ8・34）ので、何ものも私たちを神の愛から引き離すことはできない、と言います。キリストが昇天したので、私たちは彼の存在を知ることができるのです。実際に私たちに語りかけ、教え、私たちの心にその愛を注いでいるのを知ることができるのです。すべて聖霊の働きを通して、です。キリストの存在は、特に神秘的なものに鋭い人や、感情的に鋭敏な人、道徳的に何の汚点もない聖人にしかわからないものではありません。いいえ、イエスは空間や時間という枠を超え、天に移ったので、生き生きとした輝く愛と、個人的な関係という現実をもって、どんな人の人生にも来ることができるのです。

しかし、昇天したキリストは、人間として十分だっただけではありません。むしろ誰よりも力強い存在でした。教会のためにすべてを動かすほどの力強さなので、私たちは安心してこの世界に向かうことができます。エペソ1章では、父なる神のことをこう言っています。「神は、その全能の力をキリストのうちに働かせて、キリストを死者の中からよみがえらせ、天上においてご自分の右の座に着かせて、すべての支配、権威、権力、主権の上に……すべての名の上に高く置かれました。また、神は、いっさいのものをキリストの足の下に従わせ、いっさいのものの上に立つかしらであるキリストを、教会にお与えになりました」。何に与えたかに注目してください。

エペソ1章は、あなたのために死んだ人が、今や神の右の座についているだけでなく、歴史を動かす最高指揮者として、教会の益のためにすべてを指揮していると言っています。あなたが彼に属しているなら、起こることすべては、究極的にはあなたのためなのです。

ハイデルベルク教理問答は、聖書の教えの概要として、ドイツの初期プロテスタント教会によって十七世紀に作成されました。答46に、キリストが天に上げられ、「生きている者と死んだ者とを裁くために、再び来られるときまで、わたしたちのためにそこにいてくださる」とあります。これはパウロがエペソ1章で語ったことを、簡潔にまとめたものです。イエスの昇天は、彼にとって栄光だっただけでなく、わたしたちのためでもあったのです。イエスは、わたしたちの益のために、なすべきことをしに天に昇ったのです。

このイエスの性質がわかる、もう一つの典型的な箇所は、ローマ8・28です。「神を愛する人々、すなわち、神のご計画に従って召された人々のためには、神がすべてのことを働かせて益としてくださることを、私たちは知っています」。この節では、すべてのことをはたらかせて、が重要です。この節に、希望的観測に満ちた感傷的な世界を入り込ませないようにしています。パウロは、「悪い経験も実はあなたにとっていいことなのだ」、とか、「不幸な中にも幸いがある」とか、言っているのではないのです。むしろ、永遠の視点から、すべての歴史を振り返り、純粋に悪いことさえも神によって組み入れられ、用いられ、終わりの日には、その真逆の結果だけが必ず達成されると語っているのです。私たちは、悪いことが結局は、それが起きなかった場合より、もっとすばらしい栄光と善をもたらすのを見ることになります。この縮図として見られるのが、ヨセフの兄弟たちです。彼らはヨセフにも他者にも悪事を働きましたが、最終的には（ヨセフが彼らに言ったように）「あなたがたは、私に悪を計りましたが、神はそれを、良いことのための計らいとなさいました」（創世50・20）。ヨブの物語にも、同じような例が見られます。ヨブ記の序盤で、サタンはヨブを攻撃する許可を神から得ます。しかし最後にはサタンの陰謀は、苦しみにあっても神に忠実であるという聖書のメッセージを、多くの人に長きにわたって教える格好の材料になりました。サタンが思ったようにはいかなかったのです。これからもそうです。この原則の究極的な例は、拒絶されること、裏切られること、拷問されること、そして死に渡されること、というイエス自身の運命です。イエスに襲いかかろうと悪の力が放たれたとき、逆にその力は征服されるしかなかったのです。「神は、キリストにおいて、すべての支配と権威の武装を解除してさらしものとし、彼らを捕虜として凱旋の行列に加えられました」（コロサイ2・15）

　イエスが、あなたのためにすべてを働かせているとは、悪いことだけでなく、些細なこともその計画の中に入れているということです。私は神学校で学んでいた頃、卒業後、どの教団で働こうか迷っていました。一つには、洗礼や予定説について不確かな思いがあったからです。神学校最後の学期で、そういう重要な点について、長老教会からの視点で説得してくれた教授に出会いました。それがきっかけで、私は長老派の立場を取ることになりました。そして、今のようにマンハッタンに来てリディーマー長老教会を始めることになったのです。「神の計画」について教えるとき、よく使う例話をご紹介しましょう。

（ニューヨーク在住者である聴衆に向かって）私が今日こうしてニューヨークシティーにいるのは、神学校で、ある教授が長老教会で働くことを勧めてくれたからです。その学期、神学校で教えるために、イギリス人である彼は、アメリカで教えるためのビザを発給してもらっていました。しかし、このビザがなかなか取れず、ほとんど諦めかけていたところ、国務省にいるある人が彼のビザ申請のために動いてくれました。というのも、当時ホワイトハウスに住んでいた大統領の家族の一人が、この神学校で学んでいたからです。彼の家族がホワイトハウスに住んでいたのは、その前の大統領が辞任しなければいけなかったからでした。前大統領が辞任しなければいけなかったのは、ウォーターゲート事件のせいでした。ウォーターゲート事件が起きたのは、夜警が施錠されていないドアに気づいたからでした。そのドアが閉まっていたら、事件は起きず、政府の人事異動は無く、私はその教授の授業を受けることはなかったでしょう。

ここで私は聴衆にこう聞きます。「リディーマー教会がここにあって嬉しいですか」。すると彼らが頷くので、私はこう答えます。「ならば、ウォーターゲート事件はあなたのために起こったんですね」。もちろん、他にも多くの原因があるのはわかっています。神の計画は、私たちの理解を超え、複雑です。しかし最終的には、私たちは心を落ち着かせ、安心していられるのです。その掌には、あなたのための苦しみのしるしである釘の跡がまだある、あなたのために死んだその方が、神の右の座ですべてを支配しているのです。あなたは、安心できますか。それとも不安ですか。どれもうまくいっていないような気がしますか。つまり、いつでも、どの皿も回していないといけないような気がしますか。そうだとしたら、キリストの昇天を信じていない、あるいは、それを情報として利用しているだけなのでしょう。

さて昇天の意味についての最後のポイントは、キリストの昇天は、あなたが父なる神に赦され、受け入れられ、喜ばれる存在だということを確信させる、という点です。新約聖書によると、昇天は、イエスが私たちの大祭司になった、つまり神の義の裁きの前に、私たちの代表者として立っている、ということです。パウロは法律用語を用いていますが、イエスは私たちのために「とりなして（仲裁して）」（intercedes）くれるのです。私たちの代弁者になると弟子たちに約束したとおりです。だから昇天は、その約束を守った結果です。これはヘブル７章とＩヨハネ２章に書かれています。

また、このようにきよく、悪も汚れもなく、罪人から離れ、また、天よりも高くされた大祭司こそ、私たちにとってまさに必要な方です。ほかの大祭司たちとは違い、キリストには、まず自分の罪のために、その次に、民の罪のために毎日いけにえをささげる必要はありません。というのは、キリストは自分自身をささげ、ただ一度でこのことを成し遂げられたからです。したがって、ご自分によって神に近づく人々を、完全に救うことがおできになります。キリストはいつも生きていて、彼らのために、とりなしをしておられるからです。（ヘブル7・26〜27、25）

私の子どもたち。私がこれらのことを書き送るのは、あなたがたが罪を犯さないようになるためです。もしだれかが罪を犯すことがあれば、私たちには、御父の前で弁護する方がいます。義なるイエス・キリストです。この方こそ、私たちの罪のための――私たちの罪だけでなく、世全体のための――なだめの供え物です。（1ヨハネ2・1〜2）

祭司、代弁者、仲介者という例えは、父なる神の右の座にいるイエスという、謎めいた、しかしとても重要な例えに広がります。王座の右の座につく者は、王の思いを実行に移しますが、いわば彼は、王のように聞く耳ももっているということです。王座の前に裁かれるべき者や事件が出されたとき、右の座につく者ほど力強い代弁者はありえないのです。

裁判の法廷に立つとき、すべてがあなたの弁護士、代弁者にかかっていることを思い出してください。代弁者が優秀なら、あなたの立場は優勢です。代弁者が議論に勝つなら、あなたは勝訴します。代弁者が法に明るく、裁判所から厚い信頼を得ているなら、あなたの立場は有利です。だからこそ、私たちの代弁者、代表者としてイエスが全世界の王座の前に立つなら、空中浮遊した、というより、昇天したと聖書に書かれているほうがふさわしいのです。あなたが今までどんな人だったか、何をしたかは関係ありません。あなたがどんな欠点があり、どれだけ愚かであっても問題ではありません。父なる神の目があなたを見つめるとき、そこに昇天したイエスを見ます。あなたの言うことを聞くとき、イエスの言うことを聞きます。神があなたを見、あなたに聞くとき、神は無限の美を見、聞くのです。使徒の働きには、捏造された罪により死刑にされるべく捕らえられた使徒ステパノの説教があります。石打ちの刑が執行されようというとき、ステパノは突然幻を見て、こう言ったのです。「見なさい。天が開けて、人の子が神の右に立っておられるのが見えます」（使徒7・56）。彼は、イエスが右の座に着いているのを見ただけでなく、彼の代弁者として立っているのを見ているのです。彼の顔は終始「御使いの顔のように見えた」（使徒6・15）とあります。

なぜかわかりますか。彼は、息をひきとるその瞬間に理解したのです。彼のために死んだ方は、確かに昇天し、今、全宇宙の裁きの座の前に、彼の代弁者として立っている、と。まさにそれを鮮やかに見ることができたので、彼について人が何と言おうと、全く気にする必要がなかったのです。この地上での判決は、何の意味もありませんでした。永続する唯一の判決が下されて、ただ一人見つめるべき方、昇天した方がどのように自分を見てくれているかを知った彼にとっては。大いなる敵が、彼を汚れていると決めつけても、そんなことはどうでもいいのです。神の目には自分がきよくされていること知っていたからです。かつてはやった心理学の言葉を借りれば、キリストこそまさに本当の自己実現を果たした人でしょう。自分を処刑しようとしている人を赦すことができたのですから（使徒7・60）。なぜでしょうか。彼が昇天の意味を理解したからです。あなたはどうですか。キリストを信じるなら、彼があなたのためにとりなし仲裁し続けてくれるのです。

聖書が約束する、そのような昇天したキリストとのコミュニケーションや個人的な関わりを、あなたはもっていますか。父なる神の右の座に着く救い主が、あなたのためにすべてを動かしていると知っているからこそ得られる安心がありますか。神の右の座で、キリストがとりなしているからこそ得られる色褪せない喜びや安定したセルフイメージをもっていますか。イエス・キリストは、神の右の座につくために昇天しました。私たちの預言者、王、祭司となるために。私たちの親友であり、指導者であり、仲介者でもあります。しかもそれは、全宇宙的な規模なのです。あなたは、このようにキリストを知っていますか。あなたがステパノのように力強く自分の人生を生きていきたい、と思うなら、昇天という教えから、その力を直接受け取ってください。

第*10*章　マリヤの勇気

いよいよこの最終章では、受胎告知、つまり、マリヤが救い主を生むという天使からの知らせについて考えてみたいと思います。この記事は厳密に言えば、イエスの生涯に起きた出来事ではありません。そして、これまで扱ってきたどの出会いよりも前に起こっています。では、なぜこれをあえて最後に扱うのでしょう。この天使からの知らせに対するマリヤの反応を詳しく見てみたいからです。というのも、マリヤの立場は、ある部分、私たちの立場と重なります。彼女は、地上で人となったキリストにまだ出会っていません。私たちも出会っていません。しかし、彼女はキリストについての知らせを受けました。それは、基本的には福音と呼ばれるよい知らせで、イエスが何者で、どんなことをするかを説明したものです。そして、マリヤは感動的で目を見張る反応を示しました。はっとさせられるようなその反応は、この本の第9章まで読み進んできたイエスに関することすべてに対して、私たちがどう応答するべきか、大切な示唆が含まれていると思うのです。では受胎告知の場面、ルカ1章を見てみましょう。

ところで、その六か月目に、御使いガブリエルが、神から遣わされてガリラヤのナザレという町のひとりの処女のところに来た。この処女は、ダビデの家系のヨセフという人のいいなずけで、名をマリヤといった。御使いは、入って来ると、マリヤに言った。「おめでとう、恵まれた方。主があなたとともにおられます。『あなたはどの女よりも祝福された方です。』」しかし、マリヤはこのことばに、ひどくとまどって、これはいったい何のあいさつかと考え込んだ。すると御使いが言った。「こわがることはない。マリヤ。あなたは神から恵みを受けたのです。ご覧なさい。あなたはみごもって、男の子を産みます。名をイエスとつけなさい。その子はすぐれた者となり、いと高き方の子と呼ばれます。また、神である主は彼にその父ダビデの王位をお与えになります。彼はとこしえにヤコブの家を治め、その国は終わることがありません。」そこで、マリヤは御使いに言った。「どうしてそのようなことになりえましょう。私はまだ男の人を知りませんのに。」御使いは答えて言った。「聖霊があなたの上に臨み、いと高き方の力があなたをおおいます。それゆえ、生まれる者は、聖なる者、神の子と呼ばれます。ご覧なさい。あなたの親類のエリサベツも、あの年になって男の子を宿していいます。不妊の女といわれていた人なのに、今はもう六か月です。神にとって不可能なことは一つもありません。」マリヤは言った。「ほんとうに、私は主のはしためです。どうぞ、あなたのおことばどおりこの身になりますように。」こうして御使いは彼女から去って行った。そのころ、マリヤは立って、山地にあるユダの町に急いだ。そしてザカリヤの家に行って、エリサベツにあいさつした。エリサベツがマリヤのあいさつを聞いたとき、子が胎内でおどり、エリサベツは聖霊に満たされた。そして大声をあげて言った。「あなたは女の中の祝福された方。あなたの胎の実も祝福されています。私の主の母が私のところに来られるとは、何ということでしょう。ほんとうに、あなたのあいさつの声が私の耳に入ったとき、私の胎内で子どもが喜んでおどりました。主によって語られたことは必ず実現すると信じきった人は、何と幸いなことでしょう。」（ルカ1・26～45）

天使は、イエスについて何と言っているでしょうか。「いと高き方の子」と呼んでいます。古代言語では、誰かに似ている、あるいは、誰かを思わせる場合、「～の息子」と呼ばれることがありました。例えばヨハネ8章で、誰がアブラハムの子、そして神の子たちと呼ばれるかについて議論する宗教家に対抗し、イエスは、悪魔のような偽りを言うので彼らを悪魔の子らだと言いました。しかし、ここでの天使の説明、「彼はとこしえにヤコブの家を治め」には、単にイエスが神に従う者というだけでなく、それ以上の意味が込められています。とこしえに？　そして、天使はきっとマリヤが耳を疑っていると思ったからか、同じ内容を別の言葉で言い換えました。「その国は終わることがありません」。つまり、天使は「まさに、永遠に」と言っているのです。

だから、これから生まれようとしているこの子は将来、単に政治的な王座ではなく、永遠に続く王国の王座につくことが約束されているのです。その子は単に限りある命をもつ人間以上の存在だという、実に力強い暗示です。

そして天使はこうも言います。「いと高き方の力があなたをおおいます」。何とも不思議で謎めいた言い回しだと思いませんか。「それゆえ、生まれる者は、聖なる者（原文では文字どおり「聖」）、神の子と呼ばれます」。ここで、超自然的な永遠の存在が、この世界に奇跡的な出産を通して生まれ、そして彼はまさしく「神の子」と呼ばれるようになる、と語られたのです。ただ神にとても似た人格をもっているというだけでなく、神の神たる性質そのものが、マリヤという体に宿るからでした。生まれて来る子は完全に聖なる者であり、全く罪がなく、神として、人間として永遠に生きるというのです。全く驚かされるような説明です。神の子が人というかたちをとって肉体的にこの世界に生まれる、神が具現化したこと、つまり受肉と呼ばれるキリスト教教理の、優雅で簡潔な説明です。

生まれる子について次にわかることは、「救う神」という意味の、イエスという名前です。これ以上適切な名前はありません。他の宗教では、救いに至る道を指し示すために、この世界に現れるのが教祖です。自分自身を神だとか、あるいはあがない主、救い主とする人物はいません。しかし聖書は、イエス自身が救いに至る道だと言います。彼こそ、あなたが生きるべき人生を生き、死ぬべき罪による死を経験した救い主だと。だからこそ、その名前には、一般的にはキリスト教の独自性、具体的にはイエスの性質の独自性を見ることができます。繰り返しますが、深い真理の数々が、簡潔な説明、それは実際のところ、たった一つの名前の中に見ることができるのです。

そして、この天使の告知自体がすでに否定しているのは、基本的にどの宗教も同じだという考えです。これは現代ではごく一般的な考えだと思われています。つまり宗教はすべて等しく間違っていると言う人もいれば、すべて等しく正しいと言う人たちもいます。基本的に宗教はどれも同じだ、と考えたい動機はよくわかります。それは、特定の宗教だけ正しいと見なす、危険な勝利至上主義を避けるためで、これがキリスト教も含め多くの信仰熱心な人たちが受け入れ、悲劇的な結果を生み出してきた思想だからです。しかし、だからといって、キリスト教が他宗教と同じだという論理は全く通用しません。新約聖書のどこを開いても、他宗教には見られない、イエスに関する説明が記されているからです。それがあまりにも一般的に知れ渡った説明なので、私たちが気づかないだけなのです。

例えば、エリサベツがマリヤに語る場面です。本章の聖書箇所の最後で、彼女は、天使の告知を受けたマリヤに、「主が語ったことを」信じるなら幸いだと言っています。しかしその直前、マリヤを「私の主の母」と呼んでいます。これには驚かされます。なぜ、マリヤの、まだ生まれてもいない（まだ受胎すらしていない！）子供が、そのまだ生まれていない子供の知らせを伝えた主であるなどということがありうるのでしょう。ここで、エリサベツは聖霊の力によって預言していることに注目してください。おそらく彼女は、自分が言っていることの意味をすべて理解できていたわけではないでしょう。しかしその言葉の意味は明確です。これから生まれようとしている子供は、永遠の主、神であって、その神自身が彼女にその知らせを伝えた、ということです。驚くような印象深い説明です。

ここで、他の文化とは異なるヘブライ文化の神観を思い出してください。聖書がイエスを神とするのは、ただ彼の人生に一般的な人間とは違う、神を思わせる輝きがあったから、ではありません。ユダヤ人にとっての神は、すべての存在のうちに見られるような非人格的な力で片づけられるものではありませんでした。むしろ、他に類を見ない人格をもった存在でありながら無限で、人のうちに存在しながら宇宙を超え、すべてのものが存在するより前に存在し、すべての上に立つ永遠の創造者でした。そういった神観を抱きながら、イエスを神と呼ぶのは驚くべきことでした。しかしそれこそ、イエスが自身をどう理解しているか、またイエスの教えすべての核となるものです。ですから、読者の皆さんには、二つの選択肢があります。一つは、聖書が言うように、イエス・キリストは、人というかたちをとった唯一の創造者なる神で、それが、他の宗教より神の啓示をもっとよく表現できているという考え。もう一つは、イエス・キリストは間違っていたか、嘘をついていたので、彼自身も、また彼を信じる信徒たちも、他宗教ほどは神の啓示を表現できていないという考え。しかしキリスト教は、単に他宗教と同じだ、という考えに落ち着くことはできません。

私は数年前、宗教の違いについてイスラム教指導者と大学生向けのパネルディスカッションをしたことがあります。そこで、ある学生が繰り返しこう主張しました。「この二十分間お二人の話を聞いていましたが、双方の間に明確な違いは見受けられません。つまり、お二人とも基本的に神は愛で、私たちは互いに愛し合うべきだと言っているようにしか聞こえないですが」。これに対しまずは、私たち二人とも全く同意しました。「両方とも似ている」という意見は、一見寛容です。しかし私たちは、この学生がそれぞれの宗教に特有の主張に、十分に敬意を払って耳を傾けていないことを優しく指摘しました。それぞれの信仰には、他の信仰の深い教えとは矛盾する、独特な主張があります。だからこそ私たちは、それぞれ互いの主張にある賢明さを評価すると同時に、究極的な深いレベルでは双方とも正しいということはありえない、と結びました。その学生は、どんな宗教も根本的には似通っている、という立場を変えませんでした。

皮肉にも、この若者は、他の宗教の信者と全く変わらず教理的で優越的でイデオロギーに満ちていました。彼が言っていたのは、つまりこういうことでした。「宗教について本当に理解しているのは私であって、あなたたちではない。あなたたちが同じであることは、私にはわかっているが、あなたたちにはわからない。私は霊的に悟りを見つけ満たされているが、あなたたちは違う」。しかし、私が後で少し彼と話してみたところ、どうやら彼は自身の奥底に潜む恐れに突き動かされていたようでした。もし彼が、どんな宗教もその主張には独自性があると認めたら、それが真実であるかどうかを見きわめなければなりません。そんなことを思い巡らし、よくよく考え抜いて、どれか一つ選ぶという行動の責任をとりたくなかったのです。今の若い世代にとって、どの宗教もだいたい同じだという考えを受け入れるのは、もはや普通のことです。おそらくそれは感情的な未熟さから来ているのでしょう。人生には難しい選択があふれていて、その選択を避けられる、などという考えは幼い考え方です。考えずに済んだら楽でしょうが、どの宗教も等しいなどという考えは欺瞞でしかありません。どの宗教も、たとえそれが他より寛容に見える宗教さえも、その主張には独自性があるのです。中でもイエスの主張は、特に恐怖を煽ります。なぜならそれが本当なら、彼の前にひざまずき、伏し拝むよりほかに道が無いからです。受胎告知は、イエスの排他性を私たちの目の前に突きつけます。そしてそれに対して応答することを求め、そのためには多くの難しい問題に取り組まなければならないことを示します。

受胎告知は、神学的な理由と同じくらい社会的にも、マリヤにとってショッキングな出来事でした。当時、マリヤはおそらく十四歳くらいで、その暮らしはとても貧しいものでした。マリヤとヨセフが割礼のため赤ん坊のイエスを神殿に連れて行った記事からは、当時の社会経済的背景での彼女の立場がうかがえます。儀式のためのささげ物は、その家族の社会的地位から決められていました。貧困層の底辺にいる者は二羽の鳥をささげる習慣でしたが、イエスの両親がささげたのはそれでした。マリヤは農民で、そのうえ未婚の母という不名誉を受けなければなりませんでした。しかし、この不名誉な、未婚で妊娠した農民の娘が、今や歴史上で最も有名な人物の一人となっています。対照的に、私たちは何世代か後には忘れ去られるような存在です。なぜ彼女はそのような存在になったのでしょう。理由は、神とその知らせに対する彼女の応答にあります。彼女がしたことは、四つあります。

まず、彼女は考えました。理性の力を働かせました。ここで、私たちは（原文ギリシア語から英語への）翻訳でつまずきます。天使が現れた直後の聖書箇所では「マリヤはこのことばに、ひどくとまどって、これはいったい何のあいさつかと考え込んだ」とあります（ルカ1・29）。「考え込んだ（wondered）」に使われているギリシア語ディアロギゾマイは、論理的に考える、集中して論理づけることを意味します。マリヤは、言われたことすべてが本当かどうか、理性で受け止めようとしていたのです。

これは私たちには奇妙に思えます。というのも現代では、難しい問題に取り組み、論理的に考え、実証できる証拠を導くといった、合理的で科学的な考えができるという前提があるので、天使の登場を信じること自体が不可能に思えるからです。それで、当時の人たちは迷信的で、超自然的な事象を簡単に信じた、と解釈します。天使を前にしても、当時の人なら「あ、天使だ。どうも。お告げは何ですか」と言ってもおかしくないだろうと思ってしまうのです。しかしそれは、私たちの先祖に対して、傲慢で押しつけがましい見方であって、言うまでもなく、あえてこの箇所を誤読しようとしていると言えます。ここで見られるのは、聞いたことを理解し信じるうえで、葛藤しているマリヤの姿です。

なぜでしょうか。マリヤはユダヤ人でした。この知らせは、マリヤがそれまで教えられてきたことにあてはまりません。人間が神になるという知らせだったからです。シナイ山の神が人になるという考えは、理性的にも受け入れがたく、ユダヤ人の道徳的感覚からは嫌悪感を起こさせるものでした（これは、マグダラのマリヤや弟子たちが、繰り返し自分が実際によみがえる、というイエスの話を、本当には聞くことができなかった理由の一つでもあります）。マリヤはだからこそ、預言的メッセージを信じるうえで、現代とは違う種類の、しかし、同じくらい大きな、理性的な壁を感じていました。つまり福音を信じることは、現代の私たちにとって難しいように、マリヤにとっても難しかったのです。受胎告知は当時も現在も、すべての考え方、世界観に大きな挑戦を突きつけます。世界中どの時代でも、全宇宙の創造主の神が一人の少女に受胎し、そこから人として生まれるという宣言を信じるには大きな壁がありました。受胎告知が、一般的な常識として快く受け入れられる時代などありませんでした。だからこそ受胎告知は、どの文化の物語（narrative）にも問題を提起し、高度に知的な論理を必要とします。それにマリヤは、その知らせから逃げ出さなかったのです。イエスは、ナタナエルという懐疑的な学生に挑戦を与えましたが、マリヤも同じ挑戦を受けました。マリヤは証拠について思い巡らし、その主張が本質的に一貫しているか熟考し、そしてやはりそれは真理だと結論づけたのです。彼女にそれができたのなら、私たちも自身の理性を総動員させて聖書のメッセージを熟考したいと思うはずではないでしょうか。

次にマリヤは、その疑いを正直に表現します。彼女は天使にこう言います。「どうしてそのようなことになりえましょう。私はまだ男の人を知りませんのに」。念を押しますが、彼女は軽はずみではありません。「あなたは天使で、これはすべて奇跡ですね。だったら受け入れます」とは言いません。それどころか、理性ある人なら誰でも言いそうなことを言います。どうしてセックスもしていないのに子供ができるんですか。これが彼女の表現した素朴な疑問です。しかも天使に向かって！　不安と疑問を、正直に進んで表したい、という彼女の姿勢を表しています。

さて、疑いには二つの種類があると思います。不正直な疑いと正直な疑いです。前者は高慢で臆病です。軽蔑と怠惰が表れます。そして「なんて馬鹿げた考え方だ！」と言い捨て、去っていきます。「不可能だ」（現代風に言えば「ありえない」）という言い方は、断定で議論の余地はありません。考えるという難儀な働きを避ける一つの方法です。しかし、それと比べ、正直な疑いは謙虚です。というのも壁を作る代わりに質問をするようになるからです。また、本質的な質問はある意味、むしろ自分自身を危機にさらします。マリヤの天使への質問は、実際のところをもっとよく知りたいという願いで、見方を変えざるをえないような、納得のいく答えに対する期待でもあります。ですから、正直な疑いは、信仰に対して心を開いたものでもあるのです。もしあなたがもっと知りたいと願い、納得いくような論理を得たいと思うなら、それは実現するでしょう。

そして、特にすばらしい点は、彼女がその疑いを全く表現しなかったら、天使は、以下のような、聖書に記されたすばらしい言葉を言わなかったということです。「神にとって不可能なことは一つもありません」（ルカ1・37）。私は、彼女の疑いをありがたいと思っています。この言葉によって、私自身、長年慰められ、導かれてきたからです。そしてさまざまな人が、同じようにその言葉で助けられてきました。そしてこの啓示が明らかにされた理由は、たった一つしかありません。マリヤが疑ったからです。正直に謙虚に、進んで自分の疑いを表していこうとすればするほど、素直な質問をすればするほど、もっと遠くまで、自分だけでなく周囲の人もたどり着くことができるようになります。質問をするのを拒む、あるいは疑いを表現することを拒む人を、私はたくさん見てきました。心を頑なにして拒む人もいれば、無礼にあたるのではないかと拒む人もいました。どうぞ、正直な疑いや質問を表現するのをためらわないでください。

三つ目に、マリヤは完全に降伏しています。そうです、結局はそうするしかありません。彼女は「神にとって不可能なことは一つもありません」と聞いてから、行動に出ました。実際「神にとって不可能なことは一つもありません」こそ、論理的な主張です。「神を信じますか。マリヤ」「はい」。「では、この世界をつくった神がいて、何世紀もの間、あなたの民を解放し、守り導いてきた神なら、できないことがあるでしょうか」。だからマリヤはこう言うのです。「ほんとうに、私は主のはしためです。どうぞ、あなたのおことばどおりこの身になりますように」（ルカ1・38）。それは現代の訳ですが、私はどちらかというと欽定訳聖書の優雅な言い回しが好きです。「観よ、われは主の婢女《はしため》なり。汝の言《ことば》のごとく、我に成れかし」（日本語文語訳より）

私はよく人からこう聞かれることがあります。「クリスチャンにはなりたいけれど、なったらこれをしなければいけないですか。あのことも禁止されますか。祈って、禁欲して、仕事を辞めて、価値観も変えなければいけませんか」。もちろん、人がこういう質問をするのも無理はありません。クリスチャンになるのに、どんな犠牲が伴うか知っておく必要があるからです。イエス自身、「費用を計算する」ことについて弟子たちに語っています（ルカ14・25〜33）。しかし、多くの人がその費用を数えるよりは、交渉したがるようです。つまり、物を諦めることはできても、どれを諦めるかという選択肢は諦めたくないのです。今までもそうだったように、自分がハンドルを握り、王座に座っていたい、つまり、さまざまな行動に対して常に費用効果分析ができる場所にとどまっていたいのです。ある聖書の先生が以前こう言っていたのを思い出します。「イエスに従っていくうえで一番難しいことは、負けを認めることだ」。神はアブラハムに現れたとき、

「アブラハム、さあ、カルデヤの地、あなたの故郷を出て、私に従って来なさい」と言いました。アブラハムはこう言います。「どこへ行くのですか」。これに対する神の答えは、本質的にはこうです。「後で教えよう」。神はアブラハムに、自分で自分の人生にとっての最善を決める権利を諦めさせようとしたのです。

あなたがキリストに従う決心をするとき、マリヤが言ったのと同じようなことを言わなければならないでしょう。こう決心するのです。「神様、私に何をしてほしいのか、すべてはわかりません。でも、私が好むと好まざるとにかかわらず、聖書を通してあなたが語っていることなら何でもします。そして、あなたが私の人生に起こすことすべてを、私が理解できるかどうかにかかわらず、忍耐をもって受け止めます」。つまり、あなたは、神があなたにしてほしいと願うことすべてを前もって知ることなど全くできない、ということです。例えば、ほとんどの人が、嘘をついたり騙したりすることはいけないという聖書の教えを知っています。しかし、本当のことを言ったら仕事を失いかねない、あるいは嘘を言ったほうが仕事を失わなくて済む状況に直面するかもしれません。だから、キリストに従うことは、時に大きな代価を払うことになります。そのような状況におかれたとき、どうするかについて心の準備をしていなければなりませんが、それでもイエスに従ううえでどれだけの費用がかかるかわかりません。ですから、ただこう言うしかありません。「自分に何が起こるか、全部わからないけれど、一つだけわかる。つまり、私は神の意志に従うかどうか自分で決める権利を諦める。いつでも無条件に神に従う」

マリヤは、確かにどれだけ犠牲を払わなければならないか、明確にはわかりませんでしたが、ある程度のことは予想できました。ヨセフも、結局はそれを知ることになります。ルカ1章とマタイ1章を比較してみるとよいでしょう。ルカ1章では受胎告知に関するマリヤの受け止め方、マタイ1章ではヨセフの受け止め方が示されているからです。ヨセフがマリヤの妊娠を知ったとき、自分がその子の父親ではないとわかっていたので、婚約を解消しようとしました。しかし天使が現れ、ヨセフに神からの知らせを告げました。つまり、予定どおり、彼女と結婚しなさいという知らせです。ここでヨセフが考えたのは、もし結婚したら、小さい村で、そして恥と名誉を重視する社会で、婚外妊娠だと思われるのは避けられないということです。暦を数えることもできたし、マリヤの友人たちには、結婚前に妊娠していることが知られてしまうでしょう。遅かれ早かれ、誰もが、二人は結婚前に関係をもったか、マリヤがヨセフ以外の誰かと関係をもったかのどちらかだと思うことになります。いずれにせよ、彼らは当時の道徳的社会的規範を破ったことになります。社会的に生涯そのような目で見られることになります。彼らも、その子供たちも、ある人たちからは疎外され、いつでも誰からも疑いの目を向けられることになるでしょう。

つまり、ヨセフとマリヤにとって、主からの言葉を受け入れる、つまり「この子供を受けるようにという招きを喜び、そのための、どんな犠牲も受け入れます」と言うことは、何を意味したのでしょう。まさにその只中で、文字どおり「神は私たちとともにおられる」（マタイ1・23）ことを実現するには、彼らはどうすればよかったのでしょうか。神とともにいるためには、実際何が必要なのでしょう。この箇所に見られる答えは勇気です。そして、神に喜んで従うための自発性です。たとえどんな状況にあっても。

天使がヨセフに「彼女と結婚しなさい」と言ったのは、つまり「あなたがイエスを受け入れるなら、周囲からは拒絶されるだろう。すばらしいあなたの評判に別れを告げなければならない」ということでした。そして、ヨセフはマリヤと結婚したのです。友人たちに「一体何で彼女と結婚したんだい？　本当にしたのか。それとも、浮気されたのか」と言われたとしても不思議ではありません。ヨセフが本当のことを友人たちに説明しようとした、とでも思いますか。「説明させてくれよ。彼女は聖霊によって妊娠したんだ。天使が全部教えてくれた」と言ったとでも？　友人たちには理解できない真理でしたし、いつでも好奇の目で見られるということをヨセフは知っていました。

現代でも、もしあなたが自分をクリスチャンだと公言するなら、ヨセフやマリヤと同じような、数々の状況に直面するでしょう。例えば、ニューヨークのような場所では、大多数の人にとってクリスチャンの信仰は簡単には信じられない、想像を超える信仰でしょう。ヨセフとマリヤの友人たちにとって天使の話がそうだったように。交友関係、職場関係、専門分野での関係、どこでも自分がクリスチャンだと公にするなら、多くの人に理解されず、また、あなたがなぜそのような生き方をしているのか、相手に理解させることもできないでしょう。あなたの評判に傷がつくことも多々あるでしょう。

だとしたら、なぜイエス・キリストは、恥と名誉を重んじる家父長的社会で未婚の十代の女性から生まれたのでしょう。そもそも神はそんな方法をとる必要はありませんでした。しかし、神の意図はこうだったと考えられるのではないでしょうか。「わたしは、この世が期待する方法は使わない。むしろ、全く正反対の方法を使う。わたしの力は、弱さにこそ表される。わたしの、救い主となる王子は王宮のゆりかごではなく、家畜小屋のかいばおけに生まれる。有名な権力者のもとではなく、不名誉な農民のもとに生まれる。それがわたしのやり方だ。イエスは、弱さ、苦しみ、十字架での死を通して、救いを勝ち取る。犠牲的な奉仕を通して、力と存在を示す。もし、あなたがこのイエスを受け入れるなら、同じような仕打ちを味わうだろう。しかし、わたしの救いはそのように実現する。苦しみが栄光を、死が復活を生む。だから恐れることはない。あなたの人生に、イエス・キリストを受け入れるなら、わたしがあなたの誇りになろう。この世界がどう見るかは問題ではない」

マリヤとヨセフはイエスのために犠牲を払いましたが、同じようにイエスは彼らのために犠牲を払うことになります。キリストは、父なる神に従い、十字架の死まで受け入れました（ピリピ

2・4～11）。そして、神が招いたとき、彼らは自己決定権を放棄しました。もしあなたが、本当にイエスに人生の中心にいてほしいと願うなら、彼に無条件に従わなければなりません。自分で人生をコントロールしようとするのをやめ、条件つきで従うという姿勢を捨てなければなりません。「もし～なら従います、もし～ならします」と言う権利を諦めなければならないのです。「もし～なら従います」と言った途端、それはもはや従順ではないのです。それは実は「あなたは私のコンサルタントで、主人ではありません。あなたの薦めを喜んで取り入れます。そのうち幾つかは行動に移してもいいくらいです」と言っているようなものなのです。イエスに一緒にいてほしいなら、自己決定権は諦めなければなりません。

　マリヤが最後にしたことは特に、今の私たち自身に参考になるでしょう。マリヤは、聖霊によって語ってくれるエリサベツのところに行きました。それはマリヤにとって大きな助けになったことでしょう。確かな励ましであり、自分がおかれている状況に対する新しい見方を与えてくれたものでもあったでしょう。エリサベツが語り終えるとすぐ、マリヤは美しい賛美を始めたのですから。それはまさしく「マニフィカト」（マリヤの賛歌）と呼ばれています。彼女は心から神を慕い礼拝し始めます。「わがたましいは主をあがめ、わが霊は、わが救い主なる神を喜びたたえます」（ルカ1・46～47）。その賛美の中で、マリヤは旧約聖書の、詩篇、イザヤ書、預言書にもどり、神の救い主が生まれるという知らせとの驚くような関連を見いだすのです。受胎告知は、聖書の信仰と矛盾するものではなく、むしろ完成させるものなのです。エリサベツを訪問したからこそ、マリヤはそういった理解を得たのでした。

だからこそ、四つ目に言えるのは、あなたにはコミュニティーが必要だという点です。マリヤは、何が起こっているのか、他の信徒の友人のところに行き、話し、一緒に礼拝するまで、はっきりとは理解できなかったようです。そうです。マリヤのように、あなたも集中して考え、素直に疑問を表し、ゆくゆくは、完全に降伏していく必要があります。しかし、それを、単に一個人として、周囲の信頼する友人の助けなしにするなら不十分です。私たちは時に、そういう内面の葛藤がすっかり解決され、過去形で話せるようになるまで、人に知られたくないと思うことがあります。「あのときは、まるで暗闇にいるみたいだった」と。しかし結局のところ、コミュニティーの助けなしに、その暗闇を乗り越えることなど決してできません。

マリヤは平凡な人でしたが、彼女が世界中に知られる偉大な存在になったのは、実は単に神が彼女に現れ、彼女がそれに精一杯謙虚に応答したから、それだけです。彼女は理性で考え、疑い、降伏し、他者とつながりました。あなたにもできるはずです。

謝辞

二〇一二年二月の初旬、キリスト教について語るために私をオックスフォード・タウンホールに招いてくれた、ジョン・ドレイク、およびオックスフォード・クリスチャン・ユニオン大学連合の学生たちに感謝します。オックスフォード大学に連なるすべてのクリスチャン大学生たちが、自分の信仰と人生を、友人や同僚と分かち合おうとするその一週間、それに協力する私と妻、息子とその妻のマイケルとサラを歓迎してくれました。毎晩二時間ほどの集中的な講演で聴衆に語り、またその後個人的に話したりした後、私たち家族は（時には雪の中を）中心街の宿までそぞろ歩き、十七世紀に作られた大きな暖炉の前で、その日一日について語り合いました。そして、いつも自分の足りなさと喜びが入り混じった複雑な気持ちで一日を終えました。この本の最初の五章はその毎晩の語り合いが土台になっています。

そして、長年にわたって大きな個人的犠牲を払い、マンハッタンミッドタウン、ハーバードクラブでの早朝朝食会を主催し導いてきたマーク・カンピサノにも感謝します。私は長年講師として参加してきましたが、重厚な木造りの壁の部屋には、ほとんどいつも人がいっぱいで、時にはあふれんばかりでした。十八年間、毎月マークとその仲間は、都市中心部のビジネス街の同僚たちに、キリスト教について知ってほしいと努力してきました。その間、多くのテーマを取り扱いましたが、ある年私は、イエスの人となり、またその働きについて、シリーズで話しました。それがこの本の後半五章の土台となりました。

最後に、この本は、リディーマー・シティー・トゥー・シティー・ミニストリーの同僚スコット・カウフマンの技術と長時間の働きなくしては、このように形にすることはできませんでした。スコットは、言葉を愛し、神学を愛し、また福音の不思議が迫ったときの人々の表情を想像するのを楽しみとしています。そんな彼は私にとって、この働き、つまり文芸を通して聖書の言葉を伝えるという働きにおけるすばらしい編集者であり、協力者です。スコット、ありがとう。

原注

第1章　疑り深い学生

1 次に続く二箇所とともにこの引用は *Modern Canterbury Pilgrims*, ed. James A.Pike (New York:Morehouse-Gorham,1956), 41 から。Edward Mendelson, "Auden and God," *The New York Review of Books* 54, no.19, Dec 6, 2007 も参照。

第2章　内部者と追放者

2 www.bible.org/illustration/boris-becker からの引用。

3 Alistair Begg, *The Hand of God* (Chicago:Moody, 2001), 77.

4 David Foster Wallace, commencement address at Kenyon College, May 21, 2005. www.manic.com/sg/water. で閲覧。

第3章　嘆く姉妹

5 この点について取り扱っていて、一読をお勧めするのはリチャード・ボウカム（Richard Baukcham）の *Jesus: A Very Short Introduction* (Oxford, 2011) です。ボウカムは、福音書が信頼できる目撃証言者による記事であること、イエスが自身の神性を理解し主張したこと、初期のキリスト教会が即座にキリストをそのように礼拝したこと、といったそれぞれの事実を支える学識の概要を述べています。参考文献にも他の文献を多数挙げています。その中に、彼自身の著作である *Jesus and the Eyewitnesses* (Erdmans, 2006) と、ポール・バーネット（Paul Barnett）の *Finding the Historical Christ* (Erdmans, 2009) が含まれています。

6 Richard Bauckham, *Jesus and the God of Israel* (Eerdmans, 2009) の中の The Worship of Jesus in Early Christianity と、Simon Gathercole, *The preexistent Son of God: Recovering the Christologies of Matthew, Mark and Luke* (Eerdmans, 2006) 参照。

7 John Gerstner, *Theology for Everyman* (Moody,1965), 45.

第４章　祝宴の裏で

8 「ヨハネは『しるし』という簡単な言葉をむしろ好んだ。イエスの奇跡は単にあからさまな権力の表現というものでは全くなく、一方で、集団を驚かせるような呪文や魔術と比べると見劣りはしたものの、そのしるしは、その行為を超えたところで、信仰の目を通して認識できる、より深い現実を指し示すための、力の表現として重要だった」（D. A. Carson, *The Gospel According to John* [Grand Rapids, MI: Eerdmans, 1991], 175）

9 Reynolds Price, *Three Gospels* (New York: Scribner, 1996), 132.

10 Ibid., 137.

11 ドストエフスキー『カラマーゾフの兄弟（上）』（原卓也訳、新潮文庫、二〇〇四年）五九二頁。

12 *60 Minutes*, vol. 15, no. 21, February 6, 1983. Charles Colson and Ellen S. Vaughan, *The Body* (Word, 1992), 188 か

らの引用。

13　とはいえ、ルカの福音書2・41〜52参照。

第5章　最初のクリスチャン

14　D. A. Carson, *The Gospel According to John* (Eerdmans, 1991), 641.

15　From "Preface to the Complete Edition of Luther's Latin Writings (1595)," in Timothy F. Lull and William R. Russell, eds, *Martin Luther's Basic Theological Writings*, 3rd edition (Fortress Press, 2012), 497.

16　Annie Dillard, *Pilgrim at Tinker Creek* (HarperCollins, 2009), 36.

第6章　大いなる敵

17　ローマ人への手紙8・28参照。

18　Andrew Delbanco, *The Death of Satan: How Americans Have Lost the Sense of Evil* (Farrar, Staus and Giroux, 1995), 19. トマス・ハリス『羊たちの沈黙（上）』（高見浩訳、新潮文庫、二〇一二年）四六頁。

19　J・K・ローリング『ハリー・ポッターと賢者の石』（松岡佑子訳、静山社、一九九九年）四二八頁。

20　Edith Margaret Clarkson, "We Come, O Christ, to You" (Hope Publishing, 1987).

21　http://www.biblebb.com/fies/ryle/assurance.htm 参照。

22　http://www.gracegems.org/Ryle/holiness5.htm 参照。

23　C・S・ルイス『キリスト教の精髄』（柳生直行訳、新教出版社、一九九六年）七四〜七五頁。

第7章　二人の代弁者

24 Horatio Spafford, "It Is Well With My Soul" (1873).『讃美歌』五二〇番（日本基督教団讃美歌委員会編、日本基督教団出版局、一九五四年）。

第8章　従順な主人

25 Frederick William Danker and Walter Bauer, *A Greek-English Lexicon of the New Testament and Other Early Christian Literature,* 3rd ed. (Chicago: University of Chicago Press, 2001), 303.

26 Ronarld K. Rittgers, *The Reformation of Suffereing:Pastoral Theology and Lay Piety in Late Medieval and Early Modern Germany* (New York: Oxford USA, 2012), 47.

27 William L. Lane, *The Gospel According to Mark* (Grand Rapids, MI: Erdmans, 1974), 516. イエスが神の怒りの前味を味わったと考えた神学者はジョナサン・エドワーズです。彼の説教 Christ's Agony（キリストの苦悶）は多くの形式で閲覧可能です。www.ccel.org/ccel/edwards/sermons.agony.html 参照。

28 キリストの積極的（能動的）服従は罪なき人生で、消極的（受動的）服従は死と区別できると誤解している人が多くいます。しかし実際は、これらの用語は、キリストの服従そのものがもつ二つの側面について表しているのです。その人生において、すでにキリストは、罪の呪いの一部である人の世の苦しみを経験することにより、罪の償いをし始めていました。また、その死によっても、法による明確な要求を果たすという行為により、積極的に神と私たちに愛を示しました。John Murray, *Redemption Accomplished and Ap-*

plied (Grand Rapids, MI: Erdmans, 1955), 20-22 参照。

29 Ⅰコリント15・45参照。

30 ガラテヤ3・13と申命21・23参照。

第9章　父の右腕

31 "Crown Him with Many Crowns" by Matthew Bridges and Godfrey Thring.『讃美歌』一六四番。

32 Louis Berkhof, *Systematic Theology* (Erdmans, 1941), 35.

33 Ibid., 352.

34 Phillip Yancey, *The Jesus I Never Knew* (Zondervan, 2002), 228. P・ヤンシー『私の知らなかったイエス』（いのちのことば社、二〇一七年）三六一頁。

35 ウェストミンスター大教理問答問53、答参照。『ウェストミンスター信仰基準』（日本キリスト改革派教会大会出版委員会編、新教出版社、一九九四年）、三九頁。

36 Jonathan Edwards's "Personal Narrative" in *A Jonathan Edwards Render* (Yale University Press, 2008), 289.

37 Ibid., 293.

訳者あとがき

最近、ケラー先生のインタビュー映像を見た高校生がこんなことを教えてくれました。厳しい質問を浴びせ続けるインタビュアーが一瞬の間をおいた隙に先生はこう言ったそうです。「私を押さえつけようとする質問だね」。単なる問いと答えの奥にある私たちの動機を考えさせられます。

「人生の意味」で検索するとさまざまな著作が見つかります。ケラー先生もこういう疑問を扱ってきましたし、本書も例外ではありません。前半五章では「イエスと出会って人はどう変えられたか」、後半五章では「現代に生きる私はどうやってイエスと出会えるのか」という問いに答えながら、人生の意味について扱っています。しかし同時にこんな問いを読者に投げかけているようにも思えます。「あなたは何のために質問しているのか」。実に深く、取り組みがいのある質問ではないでしょうか。

二〇一七年　四月

廣橋麻子

［著者］

ティモシー・ケラー（Timothy Keller）

ペンシルバニア州に生まれ育ち、バックネル大学、ゴードン・コンウェル神学校、ウェストミンスター神学校で教育を受ける。バージニア州ホープウェルの教会で牧会ののち、1989年ニューヨークシティーで、妻キャシーと 3 人の息子と、リディーマー長老教会を始める。今日、リディーマーは 5 千人以上の日曜礼拝出席者を数え、世界中で250以上の新しい教会設立に協力をしている。著書に *Walking with God through Pain and Suffering, Every Good Endeavor, Generous Justice, Jesus the King, Center Church, The reason for God*（以上未邦訳）、『結婚の意味』『偽りの神々』『「放蕩」する神』（以上いのちのことば社）がある。

［訳者］

廣橋麻子（ひろはし・あさこ）

国際基督教大学教養学部卒業、同大学院修了（行政学修士）
訳書　『ジーザスバイブルストーリー――旧新約聖書のお話』『「放蕩」する神――キリスト教信仰の回復をめざして』『偽りの神々――かなわない夢と唯一の希望』『結婚の意味――わかりあえない 2 人のために』（以上いのちのことば社）『二人が一つへ』（ファミリーライフジャパン）他

イエスに出会うということ
——人生の意味と思いがけない答え

2017年 9 月10日発行
2025年 3 月 1 日 5 刷

著　者　ティモシー・ケラー
訳　者　廣橋麻子
印刷製本　モリモト印刷株式会社
発　行　いのちのことば社
〒164-0001 東京都中野区中野2-1-5
電話 03-5341-6923（編集）
03-5341-6920（営業）
FAX 03-5341-6921
e-mail:support@wlpm.or.jp
http://www.wlpm.or.jp/

Printed in Japan　ISBN 978-4-264-03854-2